Luisa Francia

Die Sprache der Traumzeit

Luisa Francia

Die Sprache der Traumzeit

Kunst und Magie

Frauenoffensive

1. Auflage, 2002

(Verlag Frauenoffensive
Metzstr. 14 c, 81667 München)

ISBN 3-88104-350-0

Druck: Clausen & Bosse, Leck
Umschlaggestaltung: Erasmi & Stein
nach einem Entwurf von Luisa Francia
Fotos: Luisa Francia

Dieses Buch ist gedruckt auf Papier aus chlorfrei gebleichtem Zellstoff.

Inhalt

Wenn wir auf der richtigen Spur sind,
werden wir durch Freude belohnt.
(Agnes Martin)

Alles ist normal. Der Verkehr fließt, Menschen hasten zur Arbeit, Geschäftsleute öffnen ihre Läden, Polizisten kontrollieren Falschparker. Dann passiert es: Die Atmosphäre verändert sich. Spannung liegt in der Luft. Eine Frau stolpert und stürzt zu Boden. Eine andere Frau bleibt mit dem Ärmel in der Türklinke hängen. Ein kleiner Junge starrt erwartungsvoll mit offenem Mund auf eine leere Wand. Plötzlich gewinnt eine Zahl Bedeutung, statt einfach nur Zahl zu sein. Ein Wort wird zum Übertrittssymbol, eine Kinderzeichnung transportiert eine Botschaft, irgendwo übernimmt ein Rhythmus den Atem der Menschen.

Erwartung. Verheißung. Es ist der Augenblick, in dem Tiere zu den Menschen sprechen wollen, der Wind spielen will, alles zu fließen beginnt. Manche weinen, manche schwitzen, manche erinnern sich. Manchen geht ein Licht auf. Ein tiefes Lachen steigt aus der Erde und schüttelt alle Lebewesen, überflutet sie mit Heiterkeit. Glücksgefühle springen wie Funken auf Menschen, Tiere, Pflanzen, Steine über. Der glitzernde Strom erregter Himmelskörper berührt die Augen und spinnt Fäden zu einem schimmernden Netz, in dem alles gehalten wird.

Die Sprache der Traumzeit entfaltet ihre Schönheit in Farben, Formen, Worten, Tönen, Impulsen. Wer davon berührt wird, hört nie mehr auf zu träumen: Wenigstens einmal noch den Atem des Universums, den Kuß der Musen, den Biß der Urschlange, das unverschämte Lachen, die Berührung der universellen Mutter spüren! Sehnsucht ist die Wegbeschreibung. Glücksimpulse formen die spirituelle Landkarte. Heiterkeit ist die Wegzehrung. Keine Rassen, keine Nationen, keine Klassen existieren. Alles löst sich im Herzschlag des Universums auf und setzt sich neu zusammen. Alles ist eins in der Sprache der Traumzeit.

Wer ihre weißen Finger sieht,
ist bereit, sich zu verwandeln.
(Meret Oppenheim)

Der Beginn menschlicher Kultur ist erstaunlicherweise nicht der Kulturbeutel, sondern das Gaumenzäpfchen. Mit der Sprache begann der Mensch sich von anderen Lebewesen zu unterscheiden. Und konnte nun andere Kreaturen schmähen und sich selbst verbal erhöhen. Was das erste gesprochene Wort war? Hunger? Mama? Stress? Achtung? Ende?

Der Sprachforscher Richard Fester kommt zu dem Schluß, daß die erste Silbe, die zugleich Mutter, Nahrung, Sicherheit, Behaglichkeit und Freude ausdrückte, „Ma" war. Ma/Ba ist in fast allen Kulturen Symbolsilbe für die Mutter geblieben. Daraus wurde „maha" in Indien, Nepal und Tibet. Maha, die Große. Auch an der Silbe „kel/kal" oder „ker" lassen sich Verbindungen zwischen Stämmen und Gegenden ablesen. Die keltische Silbe „kel" bezeichnet Frau/weibliche Abstammung und zieht sich bis ins senegalesische Wolof, bis zu den Tuareg, die von sich sagen, daß sie von der Urmutter Kella abstammen; möglicherweise kommt ja dieser Zusammenhang aus Indien, wo Kali die älteste nachgewiesene Göttin ist.

Vor dem Erscheinen des Gaumenzäpfchens im menschlichen Rachen tobten undefinierbare Wesen, Kakerlaken, Riesenechsen und von eigenen Endorphinen besoffene Delphine über den Planeten, aber als sich ein paar Affen aufrichteten und das Gaumenzäpfchen in die Geschichte der Erde einbrachten, war es vollbracht, jedenfalls wenn wir der Wissenschaft glauben dürfen. Kann es vor der menschlichen Sprache etwas gegeben haben, das annähernd mit Kultur zu bezeichnen wäre?

Aber vielleicht gibt es ja keine Entwicklung. Vielleicht ist die Geschichte der Menschen eine Folge von Einschränkungen und Verlusten, die mit „Erfindungen" und „Entdeckungen" kompensiert werden sollen, und die vielzitierte Vertreibung aus dem

Paradies beschreibt vielleicht den Augenblick, als Menschen einen Blick auf die Umgebung warfen und beschlossen: Hier fehlen automatische Handfeuerwaffen, Computer, Mobiltelefone, Autos und ein Supermarkt? Vielleicht war zu Beginn des Lebens auf diesem Planeten alles da, wir mußten nicht mal sprechen, wir surften in Schwingungen, klinkten uns überall ein und aus, und das Paradies war nicht mehr weit.

Aber dann verloren wir diese Fähigkeit. Warum? Keine Ahnung. Etwas Gravierendes muß geschehen sein. Eine Kreatur erhob sich über alle anderen und beschloß: Mit euch wird nicht mehr kommuniziert? Und wer ein Gaumenzäpfchen zum Einsatz bringen kann, gibt sich mit sprachlosen Wesen nicht mehr ab? Qualitätskontrolle setzte ein. Der Haken bei der menschlichen Entwicklung war, daß zur Fähigkeit der Unterscheidung, des Urteilens, des Bewußtwerdens, des Sprechens keine wirkliche Verfeinerung der Rohsubstanz kam. Chemische Prozesse wie Verdauung und Fortpflanzungstrieb behielten bis heute die Oberhand. Wer das nicht glaubt, studiere die Hinwendung von Friedensfrauen zu Militärfuzzies (Petra Kelly, Angelika Beer – Vorsicht, wie das ausgehen kann, wissen wir!)

Das limbische System im Hirn kümmerte sich nämlich überhaupt nicht um kulturell erworbene Fähigkeiten und gab die Urbotschaften (fressen, kämpfen, fortpflanzen) unbeirrt an die Menschen ab, die glaubten, einen zivilisatorischen Prozeß durchlaufen zu haben. Wer sich selbst für zivilisiert hält, kann ja mal darüber meditieren, wie sie/er sich verhält, wenn irgendwas knapp wird. Tschernobyl war ein gutes Beispiel.

Bei manchen reichen schon der Schlußverkauf, die letzten zehn Eintritts- respektive Freikarten zu irgendeinem seltenen Event oder die Einsteigeformalitäten in ein Flugzeug, wenn der Flug überbucht ist. Es ist erstaunlich, wie dünn die Schicht der zivilisierten Mittel ist, wenn es hart auf hart geht.

Ich saß einmal in der Wartehalle des Flughafens Stanstead bei London, als eine koreanische Maschine neben dem Rollfeld explodierte. Nichts ging mehr. Tausende warteten. Stundenlang. Bald gab es nichts mehr zu essen und auch kein Wasser mehr. Aus zivilisierten Menschen wurden unkontrollierte Makro-Organismen, die ums Überleben kämpften, sich durchboxten und durchschlugen zu den zwei Schaltern, in denen nun „umgebucht“ werden sollte. Panik brach aus. In diesem Augenblick wurde mir bewußt, daß die Schicht zivilisierter Umgangsformen im Toben der Existenzangst schmilzt. Zurück bleiben archaische Impulse: kämpfen, überleben.

Telepathische Kommunikation war verloren, aber die neuen Möglichkeiten vertieften die Inhalte nicht. Wer das nicht glaubt, muß nur mal einer Mobiltelefonkonversation lauschen. Genaugenommen beschäftigen sich auch alle wissenschaftlichen und philosophischen Versuche mit einem Mangel, den es durch Erfindungen und Entdeckungen auszugleichen gilt.

Menschliche Entwicklung ist die Geschichte des Verlierens und Vergessens. Wir haben fast alles verloren, wobei der schmerzlichste Verlust die Fülle sinnlicher Wahrnehmungen und die daraus resultierende Befriedigung betrifft. Und wir suchen verzweifelt nach einem Zustand, der dem vagen Gefühl der Sehnsucht, der Hoffnung entspricht.

Alle erstaunlichen Fähigkeiten hat die Spezies Mensch zu vernichtender Perfektion getrieben: Aus Licht wurde die Atombombe, aus Bewegung Umweltzerstörung durch Auspuffgase, aus Berührung Tod, aus Reinheit die Zerstörung der Haut, der Lungen, aus Genuß Sucht. Aber unberührt von allen Zerstörungsprozessen wurden zu allen Zeiten menschlicher Entwicklung Zeichen gesetzt, um Wunder zu bewirken. Wenn sich heute Forscher über die „erstaunliche“ Ausgereiftheit steinzeitlicher Felsmalereien wundern, geben sie eigentlich nur die eigene eindimensionale Denkart preis: Entwicklung kann nur linear sein. Sie kann sich nur von einem unbeholfenen Ausgangspunkt zur Perfektion aufrollen.

Daß alles immer schon da war, daß es gar keine Entwicklung gibt, das geht den meisten Wissenschaftlern wohl zu weit. Denn Fortschritt ist schließlich alles. Ich könnte hier das Beispiel der Waschmaschine anbringen, die angeblich Zeit und Arbeitskraft spart, nach der Untersuchung einer amerikanischen Forscherin aber in Wirklichkeit der Verbraucherin mehr Zeit- und Arbeitsaufwand beschert, weil die jetzt öfter und für mehr Personen wäscht und trotzdem die Wäsche aufhängen, trocknen, abhängen (und auch noch bügeln?!) muß.

Alle Handlungen auf diesem Planeten waren immer schon eingebettet in die vielen Ebenen der Traumzeit, und wenn wir auch an einer kollektiven Amnesie leiden und nur das Kurzzeitgedächtnis (das die letzten 500000 Jahre betrifft) einigermaßen funktioniert, werden wir doch immer von den Strömen und Impulsen der Traumzeit berührt, beglückt, getröstet. KünstlerInnen nennen das „Inspiration" oder, poetischer, den Kuß der Musen.

Als ein Journalist den ehemaligen bayerischen Stammeshäuptling Dr. Franz Joseph Strauss fragte, ob er von Lockheed Schmiergeld angenommen habe, antwortete dieser: Gegenfrage. Haben Sie Abitur? In dieser Begebenheit steckt eine Menge Information über den Verlauf menschlicher Kultur.

Ich kann natürlich sagen, daß ich zwar kein Abitur, dafür aber an einigen Universitäten Vorträge gehalten habe, was damit zusammenhängen mag, daß auch an Universitäten gelegentlich Menschen Potentiale auch ohne IQ-Tests oder PISA-Studien zu erkennen vermögen. Diese Tests sind ja lediglich Methoden, die Anpassung der Menschen an den gegenwärtigen Wissensstand zu überprüfen. Aber wie dürftig oder wie komplex ist dieser Wissensstand? Wer entscheidet, was wissenswert ist? Haben wir nicht durch die Kriege der letzten Jahre gelernt, wie Information gezielt eingesetzt und der Öffentlichkeit vorenthalten wird, wie Information, Lügen und Vermutungen kunstvoll zu einer Realität zusammenchoreografiert werden und wie wenig sowohl die Herrschenden als auch die Wissenden tatsächlich wissen?

Wissen wird gelenkt, gesteuert, dosiert und als Machtmittel eingesetzt – hauptsächlich um all die in Schach zu halten, die mit etwas mehr Wissen und Information vielleicht gefährlich werden könnten.

Noch ein Beispiel: Im Japan des frühen Mittelalters war ein Brettspiel sehr beliebt, das vernetztes Denken und wirkliche Weisheit erfordert. Spielst du es zu gierig, verlierst du. Spielst du es zu bescheiden, verlierst du auch. Es geht, kurz gesagt, darum, ein Netzwerk von Steinen so auf ein Brett zu legen, daß die Gebiete „leben", also nicht erobert werden können. Im Gegensatz zu Schach ist es kein lineares, sondern ein komplexes Spiel, das immer das gesamte bereits gesetzte Feld wie auch die Möglichkeiten des noch zu spielenden Feldes im Auge zu haben erfordert. Die großen Meisterinnen dieses Spiels waren Frauen. Es gibt das Go-Spiel auch heute noch. Aber wenige Frauen spielen es, und die Meister sind fast ausschließlich Männer. Wie kommt das?

Wenn eine Gruppe von Menschen, in diesem Fall Frauen, darauf konditioniert wird, daß sie unfähig ist, nicht logisch denken kann und nur aus dem Bauch heraus agiert, was zwar ganz nett, aber nicht virtuos ist, dann stirbt in dieser Menschengruppe das Vertrauen, daß alles da ist und abgerufen werden kann. Wenn in einem Haushalt ein Mann handwerkliche Fähigkeiten hat, bemühen sich die Frauen des Haushalts um diese Fähigkeiten nicht mehr (das ist natürlich auch umgekehrt denkbar). Die Potentiale verkümmern, und es stellt sich die Vermutung, schließlich die Gewißheit ein, daß sie das nicht können. Auf diese Weise können Frauen oder Angehörige bestimmter Ethnien aus Zusammenhängen ausgeschlossen werden, die andere Bevölkerungsgruppen, nennen wir sie mal weiß, männlich und mittelschichtsangehörig, attraktiv, ja lukrativ finden. Daß es mittlerweile immer mehr Frauen gibt, die das „Männerspiel" Schach spielen und das sehr gut, hängt mit einer Veränderung im Bewußtsein dieser Frauen zusammen. Sagen wir ruhig, mit der Frauenbewegung, die in die verstecktesten Winkel einsickert und Frauen das Gefühl gibt: Was die können, können wir auch, konnten wir schon vorher.

Also ist Bildung kulturelle Anpassung, die den Prozeß des Wiederentdeckens, des Erinnerns, des Träumens nicht unbedingt beinhaltet. Vor allem, wenn Erinnern und Träumen mit der „herr"schenden Kultur nicht kompatibel sind.

Frauen suchen heute auf ganz und gar unangepaßte Weise Anschluß an von Frauen bereits gelebtes Wissen, dabei tauchen ganz alte, vergessene Impulse wieder auf, die einmal in uns sehr lebendig waren. Wir springen zurück hinter die Zeit der Hexenverfolgung, der Missionierungen, der Eroberungsfeldzüge, in denen lebendiges Wissen unterdrückt und neue Kulturmaßstäbe gesetzt wurden. Nicht weil wir Männer so hassen, suchen wir nach eigenen Potentialen, nicht weil wir so romantisch und so realitätsfern sind, suchen wir in alten versunkenen Kulturen nach unserem Erbe, unserem Wissen, sondern weil wir ahnen, daß wir Möglichkeiten wiederbeleben können, derer wir schon mächtig waren.

Alle neuen Entdeckungen über unseren Planeten und das Universum zeigen, daß wir im wahrsten Sinn des Wortes im Dunkeln tappen. Eigentlich keine Schande. Wir könnten es zugeben und uns hineinträumen in das Unaussprechliche, zu dem wir dann auch kein Gaumenzäpfchen bräuchten. Statt dessen wird das Gaumenzäpfchen übermäßig strapaziert, um vielleicht doch noch ein paar Punkte zu machen. Nur wo im Universum?

Wenn du dir mal kurz überlegst, wie viele Texte falsch interpretiert, schlecht oder falsch übersetzt oder im Sinn der Übersetzer ergänzt wurden, dann kannst du dir vielleicht vorstellen, wie unzuverlässig „heilige" Texte sind. Ist es nicht viel sinnvoller, das alte Wissen über Bilder zu entschlüsseln? Sind Bilder nicht wie kleine Luftblasen, die aus der Tiefe aufsteigen und dadurch Tiefe überhaupt erst erahnen lassen?

Ich habe mich entschlossen, über Kunst und Magie zu schreiben, als mir klar wurde, wie eng der Zusammenhang zwischen beiden Themen in der frühen Geschichte der Menschen war und wie eng er heute noch ist. Magie – die Fähigkeit zu rufen, zu bannen, zu wandeln, mit allen Wesen zu kommunizieren und mit allem vernetzt zu sein – steht am Anfang der Kunst, am Anfang menschlicher Existenz. Jede Deutung von Kunst ist von den Wertmaßstäben und der kulturellen Prägung der deutenden Person abhängig.

Als in der Nähe von Bischofshofen in Österreich Hunderte Frauengräber entdeckt wurden und den Wissenschaftlern Rätsel aufgaben, machten sich zwei feministische Forscherinnen auf, um die Ausgräber zu befragen.

Wie erklären Sie sich, fragten die zwei Frauen, daß in den Gräbern keine Männer zu finden sind. Die Männer werden im Krieg gewesen sein, sagten die braven Professoren und Doktoren. Und was ist mit den Knaben? Warum sind keine Knaben in den Gräbern? Na, die werden mit den Männern gegangen sein. Bei uns gehen ja auch die Väter mit den Söhnen zum Fußballplatz.

Da wird ein Zusammenhang konstruiert, der den Denkstrukturen der Forscher folgt und einen Status quo festlegt, der dann Eingang in wissenschaftliche Arbeiten nimmt. Natürlich ohne Fußballplatz.

Was ich damit sagen will? Es reicht nicht, vorgekaute Ergebnisse zu schlucken und die Welt zu verdauen, wie sie uns serviert wird. Jeder Denkansatz ist plausibel. Jede Interpretation, ganz besonders aus einer anderen Sichtweise als der der weißen männlichen westlichen Mittelschicht, legt eine neue Schicht der menschlichen Kultur, der Traumzeit der Kulturen frei.

Ich habe das Fürchten nicht gelernt. Je weiter ich mich in Geschichten, Mythen, Sagen, Erzählungen hineindrehte, um so klarer wurde mir, daß die Geschichte, wie wir sie kennen und lernen mußten, nur die Summe herrschaftlicher Machtmittel darstellt, mit denen wir kleingehalten werden. Die Wahrheit ist verhandelbar. Geschichte ist verhandelbar.

Es ist unsere Aufgabe, die Aufgabe eines jeden Individuums, Geschichte und Wahrheit zu gestalten, die eigene Interpretation der Wirklichkeit zu achten und hörbar/sichtbar zu machen und die vielen existierenden Wirklichkeiten im Auge zu behalten.

Wir hörten im Geschichtsunterricht nichts über die matriarchale Kultur Anatoliens (Catal Hüyük, Malta, Hacilar), nichts über Frauengilden im Mittelalter, nichts über die Inquisition. Wir hörten auch nichts über Elementargeister, Frauendörfer in Mexiko oder Schamaninnen in Sibirien. Das sollten wir nämlich gar nicht erfahren. Wissensvermittlung wird nach vorher bestimmten Prioritäten durchgeführt, und die Prioritäten werden in der westlichen Kultur von der weißen männlichen Mittelschicht und ein paar kompatibel gemachten Frauen gesetzt. Die Geschichtsbücher quellen über von Herrschern, Kriegen und den dazugehörigen Jahreszahlen. Daraus ergab sich für uns ganz natürlich, daß menschliche Kultur notwendigerweise Krieg, Eroberungen und Herrscher beinhalten muß, und wenn wir das schon nicht akzeptieren wollten, dann wurde uns wenigstens klargemacht, daß es für uns daraus kein Entrinnen gibt.

Die Kunst spricht eine andere Sprache.

Für eigene Ausflüge in die Welt der Impulse, Bilder, Töne, Erkenntnisse gibt es keinen Ersatz. Schulbildung allein ist nicht der Weisheit letzter Schluß. Der gerade Weg ist nicht unbedingt der kürzeste und auch nicht der sinnvollste. Es gibt keinen Ersatz für die eigene Deutung von Bildern, Kunstwerken, Filmen. Wenn uns Kunstkritiker auch Denkansätze vorgeben – alles könnte ganz anders sein. Das wurde mir klar, als ich in der Zeitung eine Interpretation eines Bildes von Herbert Achternbusch las, mit dem ich zu jener Zeit in einem Haus lebte. Da war die Rede von der bewußten Wahl einer Farbe, um ein ganz bestimmtes Gefühl auszudrücken – an diesem Tag hatte der Maler keine andere Farbe mehr.

Have you seen the horizon lately?
(Yoko Ono)

Immer war da der Atem. Er dehnte das Universum aus, ließ es wieder einsinken. Ohne Anfang, ohne Ende. Energie verdichtete sich im Nichts und löste sich wieder auf. Einatmen, ausatmen. Wer weiß schon, was das Universum dazu brachte, zu husten und Galaxien, Sonnen, Planeten im leeren Raum zu verteilen. Vielleicht langweilte es sich. Vielleicht fing es an, krank zu werden. Vielleicht tauchten Fragen auf, die Antworten produzieren wollten.

Was auch immer – plötzlich gab es Zentren und Körper, Energien, schwarze Löcher, die um diese Zentren kreisten. Die Bewegung der Körper setzte sich bis ins Kleinste fort. Jede Drehung, jede Explosion, jedes Hinausschnellen und Einsinken fand ein Echo noch in den kleinsten Teilen universeller Materie. Der Gesang des Universums löste den Gesang der Galaxien, des Windes, der Sonnen, der Wasser, der Menschen aus. Das Verdichten und Wiedereinstürzen von Himmelskörpern setzte sich fort bis in die kleinsten Dörfer auf irgendwelchen Planeten, bis in die schäbigste Einbauküche. Aus der Vibration von Energie im Unendlichen wurde Klang, Tanz, Licht und Schatten, Wind, Gas, Eis, Implosion, Explosion, Meer, Materie, Mikroben, Amöben, Pflanzen, Tiere, Menschen.

Vielleicht brauchten sie da noch kein Gaumenzäpfchen, weil sie noch gar nicht daran dachten, zu lügen und sich Geschichten auszudenken wie „ich mußte länger arbeiten und konnte nicht mal ans Telefon gehen“, oder „wenn du die nächsten fünfzig Jahre arbeitest wie blöd, bekommst du von mir für den Rest deiner Zeit etwas Geld zum Ausruhen“. Kaum konnten Menschen sprechen, hatten sie sich nicht wirklich mehr etwas zu sagen, wagten sie nicht mehr die Wahrheit zu sagen. In der sprachlosen Zeit haben die Menschen allerdings ein paar Tricks gefunden, sich dennoch zu verständigen. Oder gehen wir einfach mal davon aus, daß die Sprache am Ende einer langen Rückentwicklung von Kommunikation herauskam. Zuerst waren alle Teile des Universums miteinander verbunden. Egal, ob du ein Meteorit, ein Asteroid, ein schwarzes Loch oder ein Lebewesen auf einem Planeten warst – du warst immer Teil von allem und mit allem vernetzt. Noch wußtest du, daß du gar nicht herausfallen kannst, weil das Universum nichts verliert. Noch hattest du keine Angst vor der Dunkelheit, denn die Dunkelheit war Alles. Noch mußtest du nicht über Wortwahl und Körpersprache, über Tricks und Strategien nachdenken.

Vielleicht warst du ja ein Delphin, der spaßeshalber irgendwo in Sibirien an Land ging und sich zu diesem Zweck Füße wachsen ließ. Dann aber mußtest du feststellen, daß an Land das Leben allzu trocken und lustlos war, und du ließest die Füße wieder schrumpfen, um ins Wasser zurückzugleiten und von diesem Augenblick an ekstatisch mit Wasserwellen und Schallwellen zu surfen.

Um den Bogen einmal ganz bis zu uns zu spannen: Soviel Fortschritt wie jetzt gab es in der gaumenzäpfchenlosen Zeit natürlich nicht. Es gab keine Atombomben, aber auch keine Atomkraftwerke, die „sauberen“ Strom produzierten.

Die Menschen waren eben sehr rückständig. Nicht mal ordentliche Kriege konnten sie führen mit den wenigen Mitteln und ihrer Unfähigkeit, den Krieg auszurufen, weil sie ja kein Gaumenzäpfchen hatten. Vielleicht waren sie auch zu wenige und froh, wenn sie einander sahen und sich etwas vertrauter fühlten. Und obwohl sie so gar nichts hatten, waren sie doch raffiniert genug, nicht einfach nur zu atmen, zu trinken, zu essen und zu verdauen. Denn all diese Vorgänge hinterlassen ja keine Spuren.

Es scheinen immer die Frauen zu sein, die dem Fortschritt im Weg stehen. Wozu soll denn diese Autobahn gebaut werden, sagen sie zum Beispiel störrisch. Das bringt nur mehr Luftverschmutzung. Und dann lassen sich diese Frauen, die immer nur an ihre Kinder denken, durch keine Garantie der Regierung beruhigen, daß das alles völlig ungefährlich ist und daß man an den Fortschritt und an die Industrie denken muß. Vielleicht mag Frank Zappa, der Rockmusiker, daran gedacht haben, als er sagte: Politik ist die Unterhaltungsbranche des Großkapitals.

Solche Kreaturen jedenfalls, Frauen, Softies, Zauderer, Hebammen, TräumerInnen, müssen am Werk gewesen sein, ehe die Karriere der Menschheit anfing, Fortschritte zu machen. Langsam, zäh geradezu. Denn die fortschrittlose Zeit dauerte schier unerträglich lange fünf Millionen Jahre, darauf hat die Wissenschaft sich jetzt geeinigt. Fünf Millionen Jahre gab es kein Bügeleisen, keine Waschmaschine, keinen Plattenbau, keine Platten, natürlich. Kein Blumenbeet, keine Nerzfarm, keine Hühnerfarm, keine Eisenbahn, keine Brücken, keine Autos, keine Flugzeuge, keine Museen, keine Supermärkte, keine Boutiquen, kein Fernsehen, kein Kino. Keine Dauerwellen.

Augenblick. Jetzt wird's spannend. Obwohl es rein gar nichts gab und sich die Menschen irgendwie nicht langweilten, nicht massenhaft totschlugen, keine Massenzerstörung organisierten und sich gegenseitig auch nicht versklavten, gab es plötzlich Zeichen. Denn es gibt keine Gegenwart. Gegenwart ist Vergangenheit. Kontinuität schafft Gegenwart. Um Gegenwart bewußt wahrzunehmen, braucht es ein Mittel der Kontinuität. Zeichen, die die Gegenwart überdauern.

Das Universum träumte, und mit ihm träumte alles, was sich spielerisch zusammengetanzt und wieder gelöst hatte. Traum. Du sinkst aus dem mühsam zusammengekratzten Bewußtsein in einen Zustand des Fließens. Habe ich das jetzt noch gedacht oder schon geträumt? Aus den ordentlich getrennten Begriffen und Bildern wird eine mehrdimensionale Fläche aus nicht mehr greifbaren Impulsen. Da entsteht eine Landschaft, dort ein Klang. Glücksmomente steigen auf und zerplatzen im Universum. Alles ist Lachen. Dann Schrecken. Dann Entspannung.

Farben. Töne. Ein Summen, ein Strömen. Noch bist du ganz da, aber wo bist du jetzt? Wohin gehst du, wenn der Traum in Schlaf übergeht, wenn du fällst und taumelst, dich auflöst, bis du dich wieder neu zusammensetzt, mit dem Schrillen eines Weckers, dem Klang einer Stimme oder dem Weckruf des Körpers: Wo bleibt das Frühstück?

Wenn wir schlafen, werden wir zu den Kreaturen, die überall im Universum durch den Raum treiben. Kein Wille, kein Forschen, kein Definieren, kein Denkprozeß. Dein Hirn spielt allein, folgt dem Fluß allen Seins, dem Nichts. Du bist, was du immer warst: nichts. Die Teilchen deines Körpers, die die ständige Anpassung an die Atmosphäre der Erde erarbeiten, formen dich, ob du schläfst oder wachst. Hören sie auf, hörst auch du auf, dir über dich selbst oder sonst etwas im Universum Gedanken zu machen.

Wer oder was macht deine Gedanken? Was machen deine Gedanken, wenn du schläfst? Wer oder was gibt da die Kontrolle auf? Du selbst? Wer bist du? Das Hirn, das ordnet, informiert und Befehle gibt? Oder der Magen, der nach neuem Verdauungsmaterial schreit? Bist du das Herz, das schlägt und das du aus welchem Impuls auch immer für Liebe und Schmerz verantwortlich machst? Bist du der Schmerz im Knie? Ein von irgendwo auftauchendes Verantwortungsgefühl, das schlechte Gewissen, die Freude, die Liebeslust? Was geschieht, wenn du sagst, ich weiß, ich sollte das tun, aber ich will nicht? Wer will nicht? Bist du das limbische System in deinem Hirn, diese alte Schaltzentrale, die alles besser weiß und dich trotz Wissen und Bewußtsein in saudumme Situationen bringt? Bist du das Rückenmark, das jeden Schmerz speichert und die Muskeln anweist, sich zu verkrampfen oder zu entspannen?

Wer immer du bist und was immer dich zusammensetzt: Verschwende einmal einen Gedanken an das, was wir Kultur oder Zivilisation nennen. Horden von Soldaten, die auf Befehl töten und zerstören. Fünfzigtausend Frauen in Sarajewo vergewaltigt von ehemals freundlichen Nachbarn und Bekannten.

Tausende Männer, die aufeinander losgehen und sich umbringen, mit irgendeinem Schaltfehler im Hirn, das nicht mehr eigenständig abwägt, nicht einmal mehr an Existenzsicherung denkt, sondern nur noch fremde Befehle ausführt. Ein Kaufhaus, das beim Schlußverkauf seine Pforten öffnet, und eine Horde Menschen, die sich rücksichtslos hineindrängt. Ein Fußballstadion, in dem Menschen andere Menschen tottrampeln, weil Panik entsteht. Eine Disco, in der Jugendliche zu Tode getreten werden von anderen Jugendlichen, die hineinwollen. Oder hinaus. Was ist das? Zivilisation? Kultur? Was helfen diese Begriffe da noch? Und wem?

Was haben wir mit dem erreicht, das wir Zivilisation nennen? Ist es etwas anderes als der Kampf um die Existenz? Welche Existenz? Worum kämpfen wir da? Wir fürchten den Tod, die Wissenschaft arbeitet fieberhaft daran, den Tod auszuschalten. Aber was ist Tod? Wir können ihn romantisieren, zum ultimativen Schrecken erklären, ihm ausweichen, ihn suchen. Aber wir kennen ihn nicht. Oder kennen wir ihn? Ist er nicht die Auflösung der schönen Wohnung, der Designerkleidung, des gepflegten Essens, der Gefühle, der Angst, des Schreckens, der Bedrohung? Sind wir nicht von der Angst der Erkenntnis erfüllt, daß wir nicht unendlich sein können, jedenfalls nicht in dieser Form? Und was liegt uns an der Form, die wir tausendmal vor dem Spiegel zerpflückt haben?

Fragen über Fragen. Woher kommen sie? Warum sitze ich hier am Laptop und bringe Sätze als Impulse in sichtbaren Zeichen auf den Bildschirm, die früher in eine Maschine getippt, auf Papier geschrieben, in den Stein geritzt, in Landschaften gemalt wurden? Wer denkt mich? Wer schreibt meine Sätze? Wer induziert mein Lachen? Wer jagt mir Kälteschauer über den Rücken? Geschieht gerade dasselbe mit den Kleinstlebewesen, die mich bewohnen? Ducken sie sich unter meinen Gedanken weg, in dem sicheren Gefühl, daß sie jemand erkannt hat, bekämpfen will? Sind wir ein Spielprogramm universeller Wesen, die jetzt Lust haben zu spielen und gleich nicht mehr und das Spielbrett in der Nacht des Universums verschwinden lassen?

Das Universum atmet.

Ich atme. Es ist Winter. Ich lausche auf die Regentropfen, die eigentlich geräuschlose Schneeflocken sein sollten. Ich öffne das Fenster, und das Universum treibt ins Zimmer, sucht nach der Kerze und bewegt sie leicht. Knistern. Funkeln. Draußen funkeln Sterne, die mächtige Feuerströme aus sich herausschleudern. Warum ist mir kalt?

Und obwohl ich in einer warmen Wohnung sitze, ahne ich etwas von der Verlorenheit der frühen Menschen, die in die Dunkelheit schauten und keine Ahnung hatten. Oder hatten sie mehr Ahnung als ich?

Am Anfang ist das Ende
Der Vulkan überhäuft uns mit Geschenken
Wie traurig waren wir
Der Himmel tropft auf die Teller
Das Gras sinkt herab mit Tau bedeckt
Halleluja Schabernack und kein Ende.
(Meret Oppenheim)

Es regnete in Strömen, und wer einmal bei widerlichem Wetter mit dem Auto aus London herausgefahren ist, weiß, wieviel Überwindung das kostet. Ich wollte unbedingt ins Museum of Modern Art in Oxford, um die Louise Bourgeois-Ausstellung zu sehen. Dafür nahm ich Regen, Linksverkehr, Stau und schlechte Laune in Kauf. Aber als ich dort war, wurde ich auf unerwartete Weise belohnt.

Die achtjährige Tochter des Museumsleiters langweilte sich. Ich war im Augenblick die einzige Besucherin, also fragte sie mich, ob sie mir die Ausstellung erklären sollte. Na klar. Solch ein wunderbares Angebot bekomme ich nicht alle Tage. Ernsthaft und heiter zugleich führte mich die Kleine von einem Bild zum nächsten: Schau mal, da ist ein Vogel eingesperrt! (Thompson Street) Ob die Frau fliegen kann? (Bosom Lady) Das ist mein Lieblingsbild! (Ste Sebastienne)

Wir setzten uns unter eine riesige Spinnenskulptur, die einen ganzen Raum einnahm. Du mußt vor der Spinne keine Angst haben, sagte das Mädchen. Ich verriet ihr nicht, daß ich Spinnen liebe, weil ich mehr hören wollte. Spinnen sind klug, sagte sie. Schau mal: ihr Bauch! Sie werfen ihre Kinder aus dem Nest, und die Spinnenkinder können sofort spinnen!

Wir saßen da, und die Kunstwerke von Louise Bourgeois wurden zu magischen Landschaften, denen wir uns redend, träumend, umherspazierend näherten. Ich beneidete das Mädchen. Sie konnte mit Bildern und Skulpturen aufwachsen und daraus ihre eigene magische Realität bauen. Das Buch „The Prints of Louise Bourgeois“ erinnert mich noch heute an diesen Kunst-Unterricht.

Meine ersten Kunstwerke waren ein Bilderbuch, an dessen dicke kartonierte Seiten ich mich erinnere, und ein rotes Osterei, das mir wohlige Schauer über den noch nicht zweijährigen Rücken jagte. Außerdem gab es ein Kinderbuch, in dem Hunde in die Schule gingen. Ein Hund namens Lumpi hatte es mir angetan – obwohl er nur auf dem Papier existierte, lief er dem Bazi der alten Magd Anni auf dem Bauernhof nebenan den Rang ab.

Was mich heute daran fasziniert, ist die Tatsache, daß es im kindlichen Leben kaum eine Trennung zwischen Kunst, Magie und Realität gibt. Dafür noch ein Beispiel. Eine Freundin, deren Tochter, meine Tochter und ich fuhren aufs Land. In einer Wirtschaft fingen die beiden Mädchen an, sich heftig zu streiten und zu raufen. Der Konflikt: Sie hatten einen imaginären Kaugummiautomaten an eine Säule gebaut und stritten sich nun, wer den ersten Kaugummi ziehen durfte. Wir lösten den Konflikt, indem wir im Einverständnis mit den Mädchen eine Münze warfen. Kopf durfte zuerst. Wenn das nicht Kunst, Magie und Realität zugleich ist!

Die ersten Kunsthappenings, jedenfalls erlebte ich es so, waren der Großbrand der Grandauerbrauerei und der Absturz eines Starfighters. Als die Brauerei brannte, rissen uns die Sirenen aus dem Schlaf. Es war ein faszinierendes Schauspiel – gerade noch der Traumwelt im Bett entstiegen, starrten wir begeistert auf das hoch in den Himmel lodernde Gebäude, immer wieder rissen Explosionen von Gasflaschen neuen Schrecken, neues Entzücken in uns auf und einer Frau, die zu nahe am Ort der Katastrophe stand, ein Bein weg.

Ich glaube, Explosionen und Feuerwerke rufen in jedem Menschen eine Erinnerung an seine/ihre kosmische Existenz mit explodierenden Himmelskörpern wach. Der Starfighter stürzte am Tag ab, und der Schaumteppich, der über den Wiesen lag, prägte sich mir unauslöschlich ein. Ein Vorgeschmack auf verpackte Häuser und Landschaften von Jeanne-Claude und Christo!

Eigentlich waren alle meine Eindrücke von Kunst mit sehr persönlichen sinnlichen Phänomenen verbunden. Die Jugendkonzerte im Deutschen Museum blieben in der Erinnerung wohl nur so lebendig, weil wir Zitronen mitnahmen. Wir setzten uns in die erste Reihe und träufelten uns Zitronensaft auf die Zunge, was zur Folge hatte, daß die Bläser nicht mehr spielen konnten, weil sie soviel Speichel produzierten. Das war schon ein Vorgeschmack auf die Macht der Imaginationen, die sichtbare, greifbare Realität herstellen.

Niki de Saint Phalle schoß mit Farbe auf Leinwand und brach so die Macht ihres sexuell übergriffigen Vaters. Louise Bourgeois klemmte sich maliziös lächelnd eine von ihr hergestellte Penis-Skulptur aus Latex unter den Arm und ließ sich von Robert Mapplethorpe fotografieren – so steckte sie ihren Vater weg, der ihre Kindheit zerstört hatte. Viele solche Geschichten zeigen die magische Wirkung, die Kunst haben kann.

Die Spiegelung und Verfremdung der Wirklichkeit (Kunst) kann Tore zu anderen Wirklichkeiten öffnen und Materie wandeln (Magie). Manche Künstler bleiben in den Darstellungen stecken wie in einem Spiegellabyrinth, andere surfen in alle Wirklichkeitsebenen und vermögen nichts davon zu reflektieren oder ihre Position darin bewußt zu machen.

Als ich sagte, ich schreibe ein Buch über Kunst und Magie, sagte meine Schwester: Das wird ein kurzes Buch. Kunst ist Magie. Das hat mich angespornt, die Magie in der Kunst und die Kunst in der Magie genauer zu betrachten.

Ich nahm an einem Workshop des Fotokünstlers Jeff Wall an der Kunstakademie in München teil. Er zeigte ein Bild eines Jungen, der zu Hause auf einer Elektrogitarre spielt. Das Zimmer sieht aus wie viele Zimmer von jungen Männern, auf dem Boden liegen Kleidungsstücke und CDs, an der Wand hängt ein Plakat. „Das ist mein Sohn. Er übt Gitarre“, sagte Jeff Wall. Alle nickten. Jetzt gibt er uns Einblicke in sein Privatleben! „Nein, das ist natürlich eine Inszenierung. Ich gab dem jungen Mann 100 Dollar.“ Ach so, natürlich. Er ist Künstler. Er inszeniert die Szene für ein Foto. „Aber vielleicht ist es doch mein Sohn“, sagte er und lachte.

Der Wahrheitsgehalt scheinbar realistischer Texte und Bilder konnte schon immer angezweifelt werden, aber seit der Digitalisierung von Film und Fotografie gibt es endgültig keinen Beweis mehr, daß das Material einer greifbaren Wirklichkeit entspricht, und doch erzeugt es Emotionen und Reaktionen, wie wir es vor allem bei Kriegsberichterstattungen erleben.

Bilder und Worte erzeugen Realität – das ist pure Magie. Im Everest-Basislager sprach ich für eine Reportage mit einem französischen Expeditionsleiter. Er spielte gerade mit seinem Laptop, der an eine kleine Satellitenschüssel angeschlossen war. Er holte ein Foto vom Gipfel des Everest aus seiner Datei und ein Foto von sich selbst in einem dicken roten Schneeanzug. Dann montierte er sich auf den Gipfel. Keine Ahnung, ob er schließlich zum Gipfel ging oder ob er dieses Bild in die Welt schickte: Die Sponsoren wären vermutlich zufrieden gewesen.

Gibt es Wahrheit in einer Darstellung? Spielt sie eine Rolle? Die wirklichkeitsnahe Darstellung von Menschen oder Szenen war im Mittelalter, in der Renaissance notwendig. Es gab keine Fotografie. Wer sein Abbild herstellen ließ, wollte es so wirklichkeitsgetreu wie möglich. Daß es in der Malerei andere Wirklichkeiten geben kann, die mit anderen Mitteln gezeigt werden können, wurde erst durch die Erfindung der Fotografie ein Thema. Jetzt mußten die MalerInnen sich nicht mehr sklavisch an die Erscheinung der Formen und Farben halten. Sie konnten, was sie fühlten und hinter der greifbaren Wirklichkeit wahrnahmen, frei in Farbe und Form umsetzen – zum Entsetzen des Publikums, das auf die Anfänge des Kubismus, der abstrakten Malerei mit Abscheu reagierte.

Wenn Wirklichkeit in ungewohnter Form dargestellt wird, häßlich, erschreckend, grell, deprimierend, frei assoziierend, tun sich bis heute viele Menschen schwer, einen Zugang dazu zu finden. Das kann mein Kind auch. Das kann ich sogar selbst. Was steckt hinter der feindseligen Abwertung von Kunstwerken? Ich glaube, die Sehnsucht, selbst KünstlerIn, MagierIn zu sein, Wirklichkeit zu gestalten, abzubilden, eine eigene

Form von Wirklichkeit und Wahrheit zu finden. Diese Sehnsucht ist legitim.

Kunst war für mich lange Zeit ein Rätsel. Ich dachte, Kunst besteht aus Rubens-Bildern, Beethoven-Konzerten, Barockkirchen und anderen offiziell anerkannten Einrichtungen. Kunst hatte überhaupt nichts mit wahrnehmen zu tun, sondern wurde von Autoritäten definiert und mußte folglich bewundert und in der Schule „durchgenommen" werden. Die Schule entfernte mich für lange Zeit von Goethe, Novalis, Paul Klee, von Mozart, von Mahler. Was ich lernen mußte, begann ich abzuwehren, zu verachten, zu hassen. Ich wollte mich frei und unbeschwert mit Kunst, Literatur, Musik beschäftigen. Ich haßte Barockkirchen, für mich waren sie der protzige Ausdruck arroganter Kirchenmacht. Mein Kunsterzieher im Gymnasium haßte wiederum mich. Er gab mir für meine Bilder die schlechtesten Noten und ließ mich einmal zur Strafe zwanzig Seiten Fraktur schreiben. Ich war erfinderisch genug, in Ohnmacht zu fallen (happening!), um diese Auftragskunst nicht ausführen zu müssen. Kunst war nicht Befreiung, Kunst war Pflicht.

Dann entdeckte ich Modigliani. Da war ich vielleicht zwölf Jahre alt. Die hinreißend langen Hälse der Frauen inspirierten mich zum Bild einer Frau mit langem Hals. Aber erst mit zweiunddreißig Jahren malte ich mein erstes großes Bild – Öl auf Packpapier, die Todsünde par excellence des Kunstlehrers. Angeregt hatte mich Herbert Achternbusch. Und ich brachte ihn dazu, endlich auch wieder zu malen. Er hatte aufgehört, weil niemand seine Bilder wollte. Sechs Jahre lang warfen wir uns im Haus von Sepp und Annamirl Bierbichler gegenseitig Impulse zu, und noch heute ist dieser schöpferische Austausch lebendig, obwohl wir nicht mehr im gleichen Haus leben.

Andy Warhol zeigte, wie wichtig die Selbstinszenierung in der Kunst ist (famous for 15 minutes!). Seine Bilder kopieren banale Wirklichkeit, schreckliche Wirklichkeit (Suppendosen, der elektrische Stuhl, ein Verkehrsunfall) und erzeugen neue Wirklichkeit, die in Dollarbeträgen meßbar wird.

Einer der wenigen Künstler, die Kunst explizit mit Schamanismus verbinden, war Joseph Beuys. Der Urimpuls seiner Kunstwerke wurde ausgelöst, als er im Krieg abgeschossen und von russischen Bauern in Fett und Filz gepackt und so gerettet wurde. In New York ließ er sich mit einem Coyoten einsperren, nahm Kontakt zu dem Tier auf und dokumentierte dieses Happening, das auch ein schamanisches Ritual war.

Else Lasker-Schüler schuf sich eine eigene Wirklichkeit als Prinz Yussuf. So verzauberte sie ihr hartes Leben, das ohne ihre magischen Räume nicht lebbar gewesen wäre. Psychologen hätten dazu sicher einiges zu sagen, aber unbestritten bleibt ihre schöpferische Kraft, die rein gar nichts mit Kommerz zu tun hat. Leben konnte sie davon auch nicht. Ihre Gedichte, vor allem aber ihre phantastischen Zeichnungen von Malik, Prinz Yussuf, den Sternen und den Pferden berührten mich mehr als viele große Kunstwerke dieser Welt.

Als Judy Chicago ihre Dinnerparty schuf, wurde sie nicht nur von der Kunstkritik heftig angegriffen, die ja gern von „bastelnden Hausfrauen", von „Makramee-Kultur" und „schreibenden Vaginas" höhnt. Aber mit ihrer Huldigung an Frauen, Kämpferinnen, Künstlerinnen öffnete sie eine neue Wirklichkeit für Frauen. Frauen erfuhren eine Würdigung, die ihnen von patriarchalen Machthabern verweigert wurde.

Ich lese vor dem Einschlafen gern in Büchern und Katalogen, die Wärmefelder erzeugen, mich anregen, begeistern, verzaubern. Zum Beispiel der Katalog von Nancy Spero. Die amerikanische Feministin griff in ihren Bildern und politischen Aktionen das Thema Gewalt gegen Frauen auf. Sie stempelt die Umrisse von Frauen und übernimmt so das magische Moment der Wiederholung, das wir aus Sumer, Babylonien und Ägypten kennen, wenn aus einem Muster viele tönerne Göttinnenfigürchen geschaffen werden. Immer aber stellt Nancy Spero in ihren Bildern Frauen dar, die ihre ur-eigene Kraft repräsentieren, die sich selbst zelebrieren, um ihre Wunden zu heilen.

Neben meinem Bett liegt der Gesamtkatalog von Frida

Kahlo, die ihre körperliche Gebrechlichkeit und ihre Schmerzen in wundervolle (kleine) Bilder umsetzte, die sie größtenteils im Bett malte. Anfang der neunziger Jahre hatten wir in München, angeregt von Uschi Neubauer vom Frauenbuchladen Lillemor's, einen Salon. Jeder Abend über eine eindrucksvolle Künstlerin wurde von einer anderen Frau gestaltet. Im Juni 92 sollte ich einen Abend über Frida Kahlo machen. Ich hatte das Material bereits zusammengestellt, als mich ein schwerer Verkehrsunfall vorübergehend lahmlegte. Mein Heilungsprozeß war durchzogen von Frida Kahlos Beschreibungen und Bildern. Daß sie von Medizinern förmlich stillgelegt worden war und davon tablettensüchtig wurde und daran schließlich zerbrach, beflügelte mich, möglichst schnell wieder Bewegung anzustreben. Ihre Bilder, ihre Tagebucheintragungen halfen mir, einen eigenen Heilungsweg zu finden.

Eine Künstlerin, die mir die Augen über weibliche Realität öffnete, war Suzanne Valadon. Als erste Frau malte sie in den vierziger Jahren des vorigen Jahrhunderts einen nackten Mann mit unverhülltem Geschlechtsteil. Ein Aufschrei der Empörung ging durch die Männerwelt – obwohl Künstler doch seit Jahrhunderten Frauen unbekümmert der Öffentlichkeit nackt präsentierten. Daß Valadon das nicht nur in Bildern, sondern auch mit kritischen Betrachtungen aufgriff, machte ihr viele Feinde. Bekannter wurde denn auch ihr Sohn, Utrillo, der Postkarten abmalte.

Die Malerin Paula Rego beunruhigt mit ihren märchenhaft grausam gestalteten Szenen, in denen die verborgene düstere Kraft in Frauen lebendig wird. Sie holt die Komplexität weiblicher Empfindungen ans Licht und gibt ihnen Existenzberechtigung.

Meine Hits neben dem Bett sind die Bildbände von Marija Gimbutas, in denen das weibliche Bild, die weibliche Sprache, die weibliche Kultur der Frühzeit beschrieben und gezeigt werden, „Kali, The Feminine Force“ von Ajit Mookerjee, eine Huldigung an die Göttin Kali mit eindrucksvollen Darstellungen der universellen Kraft der indischen Göttin, und die Kataloge des mit achtundzwanzig Jahren an einer Überdosis Heroin verstorbenen afroamerikanischen Künstlers Jean-Michel Basquiat. Bis heute ist er zusammen mit Chris Ofili einer der wenigen schwarzen Künstler, die sich in der Kunstszene einen Namen machen konnten. Seine Bilder und Zeichnungen entwerfen das magische Universum seiner Träume, seiner Demütigungen und Ekstasen.

Kataloge afrikanischer Kunst und der Felszeichnungen und Kultgegenstände australischer und amerikanischer UreinwohnerInnen sind der Stoff für meine Träume und meine magischen Rituale.

Auch eine „lebhafte Phantasie“ (Zitat meiner Mutter) braucht Nahrung, Anregung, Reibung. Ich kann nicht alle Kataloge, Ausstellungen und KünstlerInnen nennen, die mich ständig nähren, und muß mich auf einige Beispiele beschränken, die starke Impulse setzten. Zu den Künstlerinnen, die mich nicht nur durch ihre Werke formten, gehören Susanne Wenger und Margarete Petersen.

Susanne Wenger lebt als Priesterin der nigerianischen Yoruba-Tradition seit fast fünfzig Jahren in Oshogbo, Nigeria. Als ich sie in Nigeria kennenlernte, machte ich einen umwerfenden Lernprozeß. Sie nahm die Yorubatradition nicht nur detailgetreu auf, sie schöpfte aus diesem Potential neue Bilder und Skulpturen. Den heiligen Hain der Yoruba-Orishas (Göttinnen, Götter) restaurierte sie und gab ihm ihre Handschrift, versetzte ihn mit eigenen Erlebnissen mit den Orishas und setzte so die Tradition mit lebendiger Kraft fort.

Margarete Petersen malte über zwanzig Jahre lang Tarot-Karten (die jetzt im Königsfurth Verlag erschienen sind). Ihre Arbeit an den Karten beeinflußte meinen magischen Weg stärker, als alle anderen KünstlerInnen das vermochten. Oft wanderten wir gemeinsam in Trancen zum Kern einer Kraft, lebten uns in Tod, Gerechtigkeit, Zerstörung, Magie ein und trugen die Erfahrungen zurück in den Alltag.

Mit Afrika kam Musik in mein Leben, Musik, wie ich sie vorher nicht kannte. Zwar hatte ich im Jazz schon sehr früh die Verbindung von Virtuosität und Unbekümmertheit gefunden und geliebt, aber afrikanische Musik geht weiter zurück. Und sie wurde für mich zum Symbol vollkommener Magie. Handwerk und Losgelöstheit zugleich. Es reicht nicht, Gefühle zu haben, du mußt sie auch ausdrücken können. Es reicht nicht, ein Instrument vollkommen zu spielen, wenn du nichts auszudrücken hast. Das trifft auf jede Spiegelung einer Wirklichkeit zu. Es ist genauso langweilig, nur auf Gefühle zu treffen, wie es anödet, nur Technik, Beherrschung eines Instruments oder der Sprache wahrzunehmen. Was bringt es, sprachgewandt zu sein, wenn du nichts zu sagen hast? Was ist die ausgefeilteste Maltechnik, wenn kein Funke überspringt? Form und Technik dienen immer der Vision. Die Vision allein, ohne Ausdrucksmöglichkeit, bleibt blaß.

Wir leben in einer Gesellschaft, die für alles technische Möglichkeiten bietet, nur die Visionen fehlen oft. Mit den raffiniertesten Bautechniken wurden in den fünfziger und sechziger Jahren Betonklötze hochgezogen, während vor Hunderten von Jahren die Menschen ohne technologische Hilfsmittel die aufregendsten Bauwerke zustandebrachten. Wer den Atem des Universums nur mitatmet, kann einfach dasitzen und sein. Wer ihn spiegeln, feiern, ausdrücken, variieren will, braucht Mittel, Handwerk.

Auf einem Markt in Bamako, Mali, saß ich im Schatten einer Akazie und hörte Kindern zu, die trommelten. Sie scherzten miteinander, provozierten sich gegenseitig und fanden im Rhythmus zusammen. Sie hatten keine Trommeln, nur Plastikkanister. Ähnliches erlebte ich in einem Wirtshaus in München. Österreichische Musiker mit ihren Familien begannen zu musizieren. Der Rhythmus wurde mit Gabeln geschlagen. Aus der improvisierten Jamsession entstand ein vollkommenes musikalisches Gewebe, das die Freude am Zusammensein, an der Musik ausdrückte.

Kunst ist kein einseitiger Prozeß, auch kein linearer. Der schöpferische Prozeß ist ein Teil des Ganzen, der wahrnehmende und verarbeitende Prozeß ist der andere Teil. Erst wenn zum Schöpfungsprozeß der aktive Wahrnehmungs- und Umsetzungsprozeß hinzukommt, entsteht die Magie der Kunst.

You are water
I'm water
We're all water
in different containers.
(Yoko Ono)

Wer wohl auf die Idee gekommen ist, künstlerische Betätigung brauche einen Schub weiblicher Energie? Wenn ich anfange, ein Buch zu schreiben, passiert jedenfalls immer etwas sehr Seltsames: Ich kann nämlich nicht schreiben. Klar, ich kenne die 26 Buchstaben und habe jede Menge Erfahrung im Zusammenscharren von Buchstaben zu Wörtern und Sätzen. Aber wenn ich keinen Kontakt zur Traumzeit habe, kann ich nicht schreiben. Wenn es nicht durch mich hindurchläuft wie ein goldener Strom im samtigen Körperuniversum, dann stehen da ein paar Worte, die nicht nur mir nichts sagen.

Beim Malen geht es mir genauso. Ich kann nämlich nicht malen. Versuche ich einfach, ein Bild zu malen, wird es nichts. Aber wenn dieser ganz besondere Strom durch mich hindurchfließt, dann denke ich weder über Technik noch über Mittel und Zutaten nach. Ich kratze die letzten Ölkreiden aus der Schachtel, improvisiere mit Mondamin, Tee, Gelbwurz, Ponal, Mehl und Zeitungspapier und frage mich keinen Augenblick, was das werden soll. Wenn es fertig ist, dann ist es was, und das entzieht sich manchmal sogar meiner Erklärung. Selbst beim Fotografieren braucht es diese Inspiration, obwohl es doch scheinbar nur um die Abbildung der Wirklichkeit geht.

Ohne den Kuß der Musen bleibt alles platt. Und damit meine ich jetzt nicht die Wirkung auf die Betrachtenden, sondern das Phänomen, das bei der schöpferischen Person entsteht. Wenn du von der wahren Energie erfaßt, herumgewirbelt, neu eingerichtet und zentriert wirst, so daß Worte oder Bilder wie ohne dein Zutun und ohne deine Kontrolle entstehen, wenn sich Themen oder Figuren selbständig machen und dein Konzept umwerfen, wenn du so weit in die Welt der Impulse eingesunken bist, daß die Impulse nur noch deinen Körper, deine Hände, deine Stimme benutzen, um sich zu manifestieren, dann entsteht Magie, die ruft, bindet, bannt, löst und wandelt. Das ist der Kuß der Musen.

Ich erlebte diesen Durchbruch in die Welt der Impulse zum ersten Mal bei einer Jazz-Session, wo die Musiker sich herantasteten, ausprobierten und plötzlich Zeit und Raum hinter sich ließen, um Musik zu spielen, die nie wieder genau so zu hören sein würde. Wenn ich mit Frauen Klangfelder aufbaue, summend, singend, rasselnd, passiert das auch manchmal. Aus den einzelnen Tönen, die zusammenfließen, entsteht etwas, das mehr und intensiver ist als die Summe der Töne, ein Klangteppich, der sich verselbständigt, wächst und wieder verklingt. Dazu braucht es keine Chorleiterin, keine Anweisungen. Es braucht nur Inspiration, die den Körper aus Zeit und Raum fallen und zum Klangkörper werden läßt.

Da ich eine Dilettantin geblieben bin, kann ich mich nicht täglich drei Stunden hinsetzen und schreiben oder malen. Disziplin bedeutet mir nichts. Sie lockt die Impulse aus den vielen Seinsebenen nicht zu mir. Ich brauche Inspiration! Ich muß von einer Idee ganz erfüllt sein! Ich muß in der richtigen Stimmung sein! Morgens kann ich nicht malen, da bin ich mit dem Überleben beschäftigt, manchmal auch mit Yoga oder „Bacherlsitzen", wie Susanne Wenger die Meditation am Fluß nennt. Ich kann nur etwas ausdrücken, wenn ich von der Energie gepackt und gezwungen werde. Ich warte auf den Kuß der Musen. Ohne die Energie der Traumzeit ist künstlerische Arbeit nicht möglich.

Ich denke, man kann ein Auto reparieren oder ein Klo einbauen, einen Text abtippen oder Gemüse putzen, ohne mit der Traumzeit in Verbindung zu sein. Aber sind wir jemals *nicht* in Verbindung? Ist ein Zustand denkbar, in dem nur praktische, technische, „rationale" Handlungen stattfinden?

Die Verbindung allein reicht allerdings nicht. Ein Gefühl der Unausweichlichkeit entsteht, dazu kommt die Verheißung, und plötzlich fließt alles, was du gelernt hast, in diesen mächtigen

Strom der Inspiration, ordnet sich scheinbar von selbst und führt deine Hand, deine Sinne, deine Stimme.

Schöpferische Arbeit ist nicht wie eine Geburt. Bei einer Geburt bringst du etwas ans Tageslicht, das in dir gewachsen ist. In der Kunst verbindet sich das, was in dir wächst, mit dem, was von außen dazukommt.

Inspiration – der Begriff beschreibt, was da passiert. Du atmest eine Energie ein. Während sich die Kirche einen männlichen Gott vorstellen mag, der Menschen Leben einhaucht, haben erstaunlicherweise die neun Musen überlebt, die für spirituelle und kreative Impulse zuständig sind.

Allerdings hätte man sich nur schwer neun Männer vorstellen können, die kreative Inspiration bringen. Neun. Das ist selbst mit der männerfreundlichen Wirklichkeit des 21. Jahrhunderts nicht zu vereinbaren.

So sagt auch der Volksmund: Hinter jedem erfolgreichen Mann stehen zehn Frauen (die neun Musen und seine Frau?). Das ist nicht ideologische Verbohrtheit, sondern dürrer Fakt. Die meisten Männer hängen in ihrer schöpferischen Kraft von Frauen ab, während Frauen nicht nur ihren schöpferischen Prozeß durchsetzen und verteidigen, sondern nebenher auch noch andere Nutznießer (Ehemann, Kinder, Arbeitgeber) zufriedenstellen müssen.

Wo Ruhm, Macht und Geld winken, werden Frauen zurückgedrängt. Damit das besser gelingt, hat die Kirche Verbote und Pflichten erfunden, die eng an das spirituelle Wohl und vor allem an das Leben im sogenannten Himmel gekoppelt wurden. Damit die Hände nicht etwa, von Musen zur Musik oder zur Dichtung verführt, närrischen Zeitvertreib pflegen, wurden sie eingebunden in sinnlose kleine Tätigkeiten, und wenn es nichts zu sticheln und raspeln und wringen gab, wurden die Hände zum Gebet zusammengeschweißt.

Da konnten die Musen inspirieren, wie sie wollten – Angst blockierte schon die Anlegestellen. Das Einatmen der „i-deas", der Göttinnenenergien, kann nur gelingen, wo geatmet wird.

Obwohl die Musen allgegenwärtig blieben (zum Beispiel in Museen), gerieten sie mit ihrer Kunst und ihrer Bedeutung in Vergessenheit: Thalia, die Schöpferin und Interpretin von Musik und Theater, Clio, die Hüterin der Geschichte, Calliope mit Heldenepen, Terpsichore mit Tanz, Melpomene mit Tragödien, Erato mit erotischer Poesie, Euterpe mit Flötenmusik, Polyhymnia mit Gesängen und Urania, die Verbündete des Sternenhimmels, deren Sternenmantel der Maria umgehängt wurde, damit Urania schneller vergessen würde.

Daß der Kuß der Musen als Bild überlebt hat, ist nur dem erotischen Beigeschmack zuzuschreiben. Welcher Mann möchte nicht von neun Musen geküßt werden? Da kann die männliche Phantasie, die sich ja statistisch gesehen sowieso alle acht Minuten mit dem Geschlechtsteil und dessen Durchblutung beschäftigt, ein bißchen spazierenwandern und in erotischen Sehnsüchten schwelgen. Von Frauen hört man eher selten, daß sie von Musen geküßt werden, das hat vermutlich mit homophobischen Elementen zu tun oder dem ängstlichen Bemühen von Künstlerinnen, nicht als Feministinnen oder Lesben diskreditiert, diskriminiert zu werden.

Wird uns nicht schon der größte Teil der künstlerischen Freiheit genommen, wenn wir uns damit beschäftigen, wie wir wahrgenommen, ob wir anerkannt werden, ob Papa Verleger, Galerist, Redakteur oder Dirigent uns toll findet? Wegbahnende künstlerische Durchbrüche, die magische Qualität haben, egal ob von Männern oder von Frauen, werden nur da möglich, wo sich die schöpferische Person nicht mehr um Anerkennung, Ablehnung, Lob, Tadel oder Belohnung kümmert.

Art itself must have begun as nature.
(Lucy Lippard)

Die Wirklichkeit zu spiegeln, die alltäglichen Lebensbedingungen, egal zu welcher Zeit, zu zerlegen, Abläufe voneinander zu trennen und durch neue Zusammenhänge deutlich zu machen, alltägliche, notwendige Tätigkeiten zu überhöhen oder zu ironisieren und damit ihre wahre Substanz sichtbar zu machen – das ist die Aufgabe der Kunst. Die Wirklichkeit zu verändern, neue Verbindungen herzustellen, das scheinbar Unmögliche möglich zu machen, Energien zu verbinden oder zu trennen, Gefahren auf der energetischen Ebene abzuwehren und Wünschenswertes anzulocken, das ist der Wirkungsbereich der Magie. Beide Bereiche existieren, seit es Menschen gibt, denn soweit wir wissen, haben nur Menschen bisher ihre Wirklichkeit gespiegelt, in Frage gestellt, nach dem Sinn abgeklopft und zu beeinflussen, zu verändern versucht.

Warum ist hier nicht die richtige Frage. Eher schon *wie?* Da Holz, Gewebe und ungebrannte Erde im Lauf der erdgeschichtlichen Veränderungen in ihren Ursprung zurücksanken, wissen wir nichts über die frühesten Zeichen, die Menschen setzten. Die Frühgeschichtsforschung geht davon aus, daß menschliche Kultur seit etwa 1,5 Millionen Jahren existiert. Die ersten Gegenstände, die wir im weitesten Sinn als kultische, religiöse, spirituelle oder künstlerische Mittel bezeichnen können, sind kaum 100 000 Jahre alt.

Ich versuche mir das immer vorzustellen: 1,4 Millionen Jahre lang gab es Menschen, die kein Bedürfnis hatten, etwas Bleibendes zu hinterlassen oder irgendwelchen Wesen im Universum Lebenszeichen zu senden. Freilich wissen wir nicht genau, wie alt zum Beispiel die Nazca-Linien in den Anden sind, und die dienen ganz offensichtlich der Idee, daß es irgendwo über der Erde ein höheres Wesen oder mehrere gibt, die die Zeichen sehen können und sich daran freuen. Menschen stellten sich also vor, daß es am Himmel irgendein Publikum gab, dem Kunstwerke darzubieten sich lohnte.

Ähnlich sahen es die Dogon in Mali, Westafrika. Ihre Schöpfungsmythen gehen von einem kosmischen Ursprung irgendwo im Universum, genauer gesagt beim Zwillingsstern des Sirius aus. Interessant ist dabei, daß bis vor kurzem, vor der Installierung des bisher potentesten Teleskops, dieser Zwillingsstern nicht sichtbar war, also von Wissenschaftlern als Mythos abgelehnt wurde, was die Dogon nicht daran hinderte, Sirius und seinen Zwillingsstern als Heimat zu verehren und in Felsmalereien darzustellen.

Die Felsmalereien der Aborigines, der australischen UreinwohnerInnen zeigen unter anderem die Wondschinas, die Himmelsschwestern, die aus ihrer Vagina fallen ließen, was auf der Erde von Belang ist.

Wenn es um die Felsgravuren und -malereien in Afrika geht, liegen sich die deutenden Wissenschaftler gern in den Haaren. Wie schon gesagt, sind Wahrnehmung und Deutung von Wertvorstellungen, Dogmen und Wissensstand abhängig. Die Frühzeitfundamentalisten kommen deshalb aus der mit Keulen um sich schlagenden Jäger-Theorie nicht heraus, während die Feministinnen aus verständlichen Gründen gern überall tanzende Priesterinnen sehen. Gerade bei Darstellungen, die entstanden, als niemand von uns dabei war, und die deshalb ihr Geheimnis mit durch die Jahrtausende nehmen, bewährt sich die Methode: *Was sehe ich.*

Im Tassiligebirge, wo Tausende Felsmalereien in der trockenen Luft seit etwa dreißigtausend Jahren gut erhalten überdauert haben, erklärte mir ein Einheimischer hartnäckig, bei der Figur, die wir gerade betrachteten, handle es sich um einen Jäger. Was sahen wir? Eine stilisierte Figur, die deutliche Brüste zeigte. Wir sahen außerdem einen Bogen, aber keine Pfeile, die Figur schien sich laufend zu bewegen, aber wir sahen kein Tier, das etwa verfolgt wurde. Genauso gut konnte es sich also um eine tanzende Frau, um ein Ritual handeln. Aber auch um eine Frau, die vor Wut in die Luft springt, weil sie keine Pfeile findet.

Ob die Felszeichnungen, die überall auf der Welt vorkommen, aus Langeweile, aus kultischen Gründen, aus künstlerischen Ambitionen heraus entstanden, kann niemand wissen. Niemand. Your guess is as good as mine, sagt der Engländer dazu. Spannend ist es aber immer, die Bilder auf sich wirken zu lassen, denn etwas anderes taten wohl die Menschen der Frühzeit auch nicht. Und es ist manchmal offensichtlich – wenn auch nicht beweisbar, aber was macht das schon? –, was ein Bild bewirken soll.

Zum Beispiel der „Zauberer" am Timbeurgebirge in Algerien. Zwei große Augen betrachten mich, egal in welcher Position ich vor der Zeichnung stehe. Da ist es nicht besonders schwer, sich auszumalen, daß die Augen vielleicht etwas bewachen sollen. Und wenn ich hinaufsteige in den Fels jenseits der Augen, tut sich prompt eine Art Plattform auf, die von unten nicht zu sehen ist. Auf dem Boden sind geometrische Muster eingeritzt sowie Schälchen, in denen Reste von Ocker erkennbar sind.

Spiralen sind ein beliebtes Motiv früher Malereien und Zeichnungen. Was repräsentiert eine Spirale? Bei längerem Assoziieren und Nachdenken kam ich auf die wichtigste Bedeutung: Luft und Wasser strömen spiralig. Die Thermik trägt Vögel und Drachenflieger in Spiralen hoch hinauf, Badewasser fließt spiralig in den Abfluß, die Atemluft strömt spiralig in die Lungen, und alle Flüssigkeiten im Körper drehen sich spiralig. Wer sich spiralig vom Sitzen zum Stehen hochdreht, belastet die Wirbelsäule am wenigsten. Spiralig überwinden wir die Schwerkraft, jedenfalls verhilft uns die Spiraldrehung zu mehr Leichtigkeit.

So wird die Spirale in meiner Überlegung zum Symbol der Leichtigkeit, des Spielerischen, der mühelosen Bewegung. Warum die Menschen der Frühzeit Spiralen bedeutsam fanden, weiß niemand, aber auch ihnen wird die spiralige Bewegung von Luft und Flüssigkeiten nicht entgangen sein. Was sie ihnen bedeutete, können wir nur raten. Was sie uns bedeutet, können wir erforschen. In der Spirale verbinden sich Spiritualität, Kunst und Traumzeit auf vollkommene Weise. Da sind die Spuren der Traumzeit, die unkontrollierbare, unbeeinflußbare Bewegung kosmischer Materie, und da ist das Bedürfnis von Menschen, diese Bewegung aus der puren Wahrnehmung in die Erhöhung zu einem spirituellen oder künstlerischen Symbol zu heben.

Wir wissen etwas über die ersten Dinge, die offenbar nicht der Existenzsicherung dienten: Kultsteine. Jedenfalls ist das der Name, den wir dafür erfanden. Steine, die kunstvoll behauen, aber als Werkzeug untauglich waren. Flint(feuer)steine wurden so behauen, daß sich ein Kreis, eine Spirale oder eine fossile Muschel, eine natürliche Zeichnung im Stein genau in ihrer Mitte befanden und so die Schönheit der Natur ausdrückten.

Den Kultsteinen folgten Figuren und Schmuck in der Landschaft (Nazca, Peru) oder auf Felsen (Sahara, Spanien, Alpen, Sibirien, Afrika, Amerika, Australien, Indien usw., eigentlich überall auf der Welt), die Flugzeugen, Raumanzügen und ähnlichem Gerät sehr glichen.

Die Menschen träumten, und mit ihnen träumte das Universum. Aus diesem gemeinsamen Traum perlten Bilder, Gesänge, Figuren, Gegenstände hervor, die mit der Bewältigung des täglichen Lebens nichts zu tun hatten.

Der mafiös organisierte Kunstmarkt, der Kunst vom Alltagsleben trennt und Kunstwerke künstlich überhöht, hat uns von den ursprünglichen Impulsen, die Kunst hervorgebracht haben und noch hervorbringen, weit entfernt. KünstlerInnen sind entweder Menschen, die weit von den Normalsterblichen entfernt ihrer privilegierten Tätigkeit nachgehen oder mit Jobs als Kellnerin oder Messebauer ihre Erfolglosigkeit kompensieren.

Zeichen setzen heute eher Terroristen als Künstler. Kein Bild hat in der Öffentlichkeit solche Emotionen ausgelöst wie das der brennenden Twintowers. Keine Bildsequenz wurde öfter gespielt als Zerstörung und Einsturz der beiden Türme. Es wird nicht nur mir aufgefallen sein, daß der Rest des Aluminiumbogens, der sich über den rauchenden Trümmern erhob, dem Gemälde „Der Turmbau zu Babel“ glich.

Von der überwältigenden terroristischen Zeichensetzung, die sich ja oft auch mit Symbolen wie dem Hakenkreuz, roten und schwarzen Sternen, geometrischen Figuren ins öffentliche Bewußtsein drängt, weit entfernt sind ähnliche Symbole der Frühzeit. Daß das Hakenkreuz (in die eine wie die andere Richtung drehend) für hinduistische Menschen Frieden bedeutet, weiß mittlerweile auch fast jedes Kind. Wir wissen nicht, warum die ersten Zeichen, Zeichnungen, Malereien in der Wüste Sahara, in Montana, im Himalaya oder im Alpenraum auf Felsen gezeichnet, geritzt, gemalt wurden. Die Interpretationen, die wir heute dafür finden können, sind von unseren Problemen, Absichten und Motiven beeinflußt. Und jede Interpretation sagt natürlich mehr über die interpretierende Person aus als über die ursprünglichen Absichten der FelsmalerInnen. Zum Beispiel galten die Felszeichnungen Afrikas lange Zeit als Fruchtbarkeits- oder Jagdsymbole. Es scheint, als ob die Wissenschaftler der fünfziger, sechziger und siebziger Jahre nichts im Kopf hatten als Sex und Jagd.

Marie König und Maria Gjimbutas deuteten die Zeichen in den Felsen der Ile de France oder im „alten Europa“, im Donaugebiet, völlig anders. Zickzacklinien, Halbkreise, Punkte und Striche wurden zu einer Sprache, Rauten, Dreiecke, Ovale zum Symbol für die weibliche Kraft, für die Frau.

Die eigentliche Revolution der Deutung bestand nicht darin, daß wir nun endlich wußten, was frühgeschichtliche Menschen uns sagen wollten, sondern daß klar wurde: Die Deutung ist von der deutenden Person abhängig. Jede einigermaßen plausible Deutung ist möglich. Und noch etwas wurde klar: Die Symbole und Zeichnungen haben nicht nur für die Menschen der Epoche, in der sie ursprünglich angefertigt wurden, eine starke Wirkung, sondern jede Zeit deutet mit ihrem kulturellen, politischen und gesellschaftlichen Hintergrund alle vorgefundenen Kunstwerke neu.

Trotzdem war es natürlich befreiend, daß die scheuklappenbeengte Sicht männlicher Wissenschaftler durch feministische Nachforschungen aufgebrochen wurde. Mittlerweile sind ForscherInnen mit Deutungen eher vorsichtig geworden. Wir hören jetzt öfter „soweit uns bekannt ist" oder „wir können davon ausgehen" oder „der derzeitige Stand der Forschung läßt vermuten..."

Das hört sich schon anders an als Jagdzauber für vorgeschichtliche Jäger. Oder aus dem Mund eines bayerischen Frühgeschichtsforschers: Vielleicht waren die Idolfiguren ja frühe Formen der Pornographie. Von der eigenen Phantasie auf die anderer zu schließen, ist zwar naheliegend, aber es wäre halt schon gut, wenn so ein Erguß als Phantasieprodukt gekennzeichnet würde und nicht als wissenschaftliche Erkenntnis.

Jahrzehntelang wurde die Abteilung Frühgeschichte mit Jägern, Sammlern (damit waren Frauen gemeint) und Fruchtbarkeitskult zugemüllt. In der patriarchalen Auffassung kann die Geschichte nur eine Entwicklung von null auf hundert sein: Zuerst gab es nichts, dann kamen primitive Gesellschaftsformen, und vor rund zweitausend Jahren kamen wir mit der wirklichen Zivilisation (es gab zwar seit rund 1,5 Millionen Jahren Menschen, aber die zählten irgendwie nicht, weil sie noch keine Stechuhren und Golfplätze bauen konnten).

Vielleicht müssen wir aufhören, die technologischen Errungenschaften als Fortschritt zu sehen? Vielleicht müssen wir davon ausgehen, daß 1,5 Millionen Jahre lang alles im Lot war, dann aber gab es einen unkontrollierten Anstieg der männlichen Bevölkerung (zuviel Fruchtbarkeitszauber? zuviel Jagdzauber?) – der Rest ist Geschichte.

Wer Zeichen setzt, wohin auch immer, rechnet damit, daß zumindest eine andere Person diese Zeichen sieht (oder eine Gottheit, was aufs Gleiche hinausläuft). Wenn ein von den Pol Pot-Mördern zum Tode Verdammter in Kambodscha auf eine

Felswand schrieb: Wie kann die Welt so schön sein, wenn ich so verzweifelt bin?, rechnete er damit, daß wenigstens ein Mensch seine Verzweiflung teilt. Daß die gemeinsame Erfahrung hilft, solche schrecklichen Situationen zu verhindern.

Warum haben die Menschen der Frühzeit auf ihre Felswände gemalt, was sie umgab? Tiere, Pflanzen, Menschen. Was wollten sie ihren Mitmenschen oder uns mitteilen? Ahnten sie uns? Wohl kaum konnten sie sich vorstellen, daß ihre Zeichnungen in einer Zeit gedeutet würden, in der ihre Bilder per Fernsehen in die ganze Welt verbreitet würden! Was wollen uns die Jugendlichen sagen, die ihre größtenteils unleserlichen Schriften und undeutbaren Symbole an Hauswände sprühen, zum Ärger der Hausbesitzer? Was wollen uns die Erfinder von Straßenschildern sagen? Ist es nicht reine Ironie, daß das blaue Schild, das einen Mann mit Hut und an seiner Hand ein kleines Mädchen zeigt (jetzt in der Regel durch Frau mit Mädchen ersetzt), eigentlich auf einen Fußgängerweg hinweisen sollte, in Wirklichkeit aber die heimlichen, verheimlichten Übergriffe von Männern auf Kinder anmahnt. Wird eines Tages für eine von Frauen gestaltete Welt dieses Schild zum Symbol einer vergangenen sexuell übergriffigen Männergesellschaft werden?

Mit meiner Schwester und ihrer Freundin Debbie verbrachte ich eine Woche auf Lanzarote. Wir fuhren an einen Strand in der Nähe von Arieta und legten aus Muscheln und Steinen eine große Spirale aus. Etwa ein halbes Jahr später erzählte mir eine Frau bei einem Seminar, wie schön es auf Lanzarote gewesen wäre und daß sie da eine Zeichensetzung gefunden hätte. Sie zeigte mir ein Foto: Es war unsere Spirale!

Die Kunst macht den Geist
zuerst hungrig, dann satt.
(Maria Lassnig)

In einer Siebdruckserie zeigte Andy Warhol den Zusammenhang zwischen Tod, Vernichtung und Ästhetik. Er thematisierte die Todesstrafe, den elektrischen Stuhl, den Tod bei einem Autounfall und setzte sich so in die Tradition von Hieronymus Bosch oder Goya, die Tod und Folter ihrer Zeit darstellten.

Niemand verherrlicht die Vernichtung so vollkommen wie die namenlosen Werbegrafiker, die augenzwinkernd mit dem Grauen flirten, um die alten wirkungsvollen Reize Sex und Gewalt in Kauflust umzuwandeln. Kaum einer kennt sich so genau mit den Zusammenhängen von Wirklichkeitserzeugung, Magie und Bedürfnisweckung aus wie die Werbepsychologen. Sie arbeiten mit Symbolen, Farben, Zahlen, Landschaftsbildern, Reizthemen, um in den BetrachterInnen Wünsche, Sehnsüchte auszulösen, und sie kümmern sich nicht darum, daß die von ihnen angebotenen Waren nicht nur nicht halten, was sie versprechen, sondern daß allein schon die Bedürfnisweckung Menschen in Krisen stürzt. Aber nicht nur in der Werbung oder in der Kunst werden Qual, Schmerz und Verstümmelung idealisiert und ästhetisiert.

Ich sitze mit einigen afrikanischen Frauen zusammen. Wir diskutieren Gewalt, insbesondere Gewalt gegen Frauen. Ich errege mich über die Klitorisbeschneidung in Westafrika, die vor allem vorgenommen wird, um der Frau das sexuelle Verlangen, die Befriedigung, die „ungezügelte Lust" zu nehmen. In der Verstümmelung kommt die männliche Angst vor der Sinnlichkeit der Frau zum Ausdruck, der männliche Alleinanspruch auf Lust, Begehren, Befriedigung, aber auch die Frustration der älteren und alten Frauen, die ja die Beschneidung immer wieder einfordern und durchführen, weil das, was ihnen angetan wurde, Sinn haben muß, sonst wäre es unerträglich. Und wenn es Sinn hat, muß es fortgeführt werden, auch wenn die Beschneidung aus gesunden Mädchen Krüppel macht.

Hadjara aus Ghana, die in einer Frauenorganisation arbeitet, lächelt: Das dachte ich mir, daß du die Klitorisbeschneidung erwähnen würdest. Schau dir mal deine eigene genauer an, ehe du die afrikanischen Frauen retten willst.

Können wir aus der Tatsache, daß es bei uns keine Klitorisverstümmelung gibt, den erleichterten Schluß ziehen, daß unsere Sinnlichkeit und unsere Sexualität nicht beschnitten werden, daß wir keiner Gewalt gegen unsere Sinne, unseren Körper ausgesetzt sind? Die deutsche Sprache mit ihren vielen blöden Redensarten beantwortet auch diese Frage: Jeder hat sein Kreuz zu tragen, heißt es, und dann sitzt uns natürlich etwas im Nacken, mehr als nur der Fettmantel oder die Harnsäurekristalle, die uns gelegentlich Kopfzerbrechen machen. Dazu liegt uns ständig jemand in den Ohren. Wie sollen wir da mit Leib und Seele bei der Sache sein?

Während sich viele Sprichwörter mit dem Körper über der Gürtellinie befassen, gibt es über den Bereich zwischen Nabel und Knie nur noch verschämte oder unverschämte Andeutungen. Da kann einer schon eine Laus über die Leber laufen! Die Aufgabe des Dichters ist es, keine Laus auf der Leber zu behalten, sagt Herbert Achternbusch.

Wohin mit den Läusen auf der Leber, wenn sie schon mal da sind? Wir geben zwar zu, daß eine Sache Hand und Fuß haben sollte, aber was tun wir mit den eigenen Händen und Füßen? Und ein bißchen Rückgrat könnte auch nichts schaden, wenn die Energiestürme aus der Traumzeit die korrupte Realität aufmischen. Die Hände (bin in festen, suche weiche) werden versteckt, in Jackentaschen, Hosentaschen, Handschuhen, hinter dem Rücken, verschränkt unter den Achseln oder vor dem Magen, der auch einiges abkriegt, denn vieles im Leben schlägt auf den Magen. Die Füße kommen gar nicht erst zum Vorschein. Wir packen sie in schweißtreibende Kunstfasern, verstecken sie in Schuhen (zu eng, zu hoch, zu schmal, zu kurz).

Wenn ich an die Stilettoabsätze der westlichen Frauen denke, an die engen, nabelfreien, kurzen Teilchen, die das einschnürende Mieder der fünfziger Jahre ersetzen, beginne ich Hadjaras milden Spott zu verstehen. Wir sprechen über die eingebundenen Füße der Chinesinnen, beklagen die Klitorisverstümmelung der Afrikanerinnen, wir fühlen uns zivilisiert und aufgeklärt. Aber von unserer freiwilligen Behinderung durch Kleidung, Schuhe, Unterwäsche, von unserer Benutzbarkeit, unserer Anpassung an männliche Phantasien und Forderungen, von der Gewalt gegen unsere körperlichen Empfindungen und seelischen Bedürfnisse sprechen wir nicht so gern.

In der Umkleidekabine einer Boutique steht eine Frau neben mir. Sie hält die Luft an, zieht den Bauch ein und knirscht zwischen den Zähnen hervor: Hoffentlich kommt jetzt nicht eine Verkäuferin rein und fragt, wie mir die Hose paßt. Ich fühle mich schon genug gedemütigt.

Sie müssen sich auf den Boden legen, werfe ich ein, dann kriegen Sie den Reißverschluß zu. Das weiß ich aus der Zeit meiner eigenen Anpassungsfolter an die weiße männliche herrschende Klasse. Zum Problem wird allerdings das Aufstehen. Während es an den Knien messerscharf spannt, raubt einem die enge Hose fast die Luft, man taumelt hoch, manchmal wird's einer auch schwarz vor den Augen, aber wenn man steht, hat man's geschafft. Enger geht's nicht. Sexy.

In der Stadt schaue ich oft auf die Füße der Menschen. Massige Körper taumeln über viel zu engen schmalen Schuhen, die der Mode wegen unter Umständen noch einen hohen Absatz haben. Schwere Hinterteile treiben kleine Füße gnadenlos voran. Stell dich mal auf die Hände und versuch das Gewicht auszubalancieren. Beim Handstand werden überflüssiger Ballast, Einschnürungen, Behinderungen durch modischen Schnickschnack bewußt – wir können uns klarmachen, wie schwer die Füße normalerweise arbeiten müssen.

Im Stehen schwankt der Körper über verschlungenen, fast verknoteten Beinen, manchmal stehen wir überhaupt nur mit einem Fuß auf der Erde, die Arme werden vor dem Körper verschränkt, die Standbein-Spielbein-Stellung verkrampft mal die eine, mal die andere Seite. Krampfadern, verspannte Gesichter, gequälte Rücken, verkrümmte Nacken – Bequemlichkeit, Entspanntheit werden der Schönheit, der Mode, dem Urteil der berühmten „anderen" geopfert.

Die subtile Gewalt der Mode produziert Hühneraugen, Überbeine, Verdauungsprobleme, Atemnot, Allergien, Asthma, Erkältungen, Unterleibsentzündungen. Schönheit muß leiden – genauer kann nicht beschrieben werden, welch schizophrenen Zustand Frauen in der westlichen Welt zugleich erleiden und weitertreiben. Andererseits ist Leiden ja sowieso der Sinn des Lebens, wenn wir der christlichen oder der buddhistischen Lehre glauben wollen...

Gefällt es uns wirklich, daß wir, weil die Absätze so hoch sind, leicht im Hohlkreuz mit den Innenmuskeln der Schenkel und den Muskeln des Beckenbodens das abfangen müssen, was unsere breiten, starken Sohlen, das lebendige Fußgewölbe nicht abfedern dürfen? „Und wenn schon, das gefällt Männern, strafft die Vaginamuskeln, der Mann hat dann mehr davon." Diese Argumentation, aus einem fremden Hirn ins eigene transplantiert, verstümmelt nicht nur den Körper, sondern versucht auch, den eigenen freien Willen auszumerzen. Täglich zelebrierte Fotos von halbverhungerten Models mit unterwürfigem Blick tun ein übriges. Warum regen wir uns über die chinesischen Frauen auf, denen die Füße verstümmelt wurden, damit sie – Schönheitsideal! – nur noch trippeln konnten? Trippeln können wir genauso gut!

Die Zerstörung des Körpers für ein Schönheitsideal ist ein durchgängiges Thema. Was bei uns Schlankheits- und Jugendwahn sind, wird in afrikanischen Ländern auch nicht angenehmer mit Fettsteiß, Lippenpflöcken, schweren Metallspiralen um den Hals. Gerade die Metallspiralen zeigen die Einheitlichkeit patriarchaler Absichten in bezug auf Frauen: Frauen sind Besitz der Männer, sie müssen sich verhalten, schmücken und herrichten, wie die Männer das wollen. Brechen sie aus, wird die Metallspirale entfernt, und die Frau bricht sich den Hals, den sie allein nicht mehr halten kann.

Zwar kommt eine Frau hierzulande nicht um, wenn ihr die Klamotten aus der XS-Abteilung bei H&M nicht passen, aber die Absicht ist wohl immer noch die gleiche, wie sonst könnte man sich den wiederkehrenden Trend zu Reizwäsche, superengen, superkurzen Röcken und Kleidern und den rasanten Zulauf von Frauen in der Sadomaso-Szene erklären. Der weitaus größte Teil tut es für den Mann – um ihn nicht zu verlieren, um sich anzupassen.

Was gesprochen, was bildlich dargestellt wird, geschieht, sagen sibirische SchamanInnen. Auch wenn es aus ferner Vergangenheit stammt. Die Magie kennt keine Zeit und keinen Raum. Alles existiert nebeneinander, jetzt. Worte und Bilder rufen, was sie beschreiben. Was rufen Kunstwerke? Was ist Kunst? Ist Fernsehen Kunst? Viele werden da widersprechen, und doch ist alles, was nicht aus dem täglichen Leben in Leben umgesetzt wird, Kunst. Qualität spielt keine Rolle.

Eine Talkshow, in der Menschen auftreten und unter dem Einfluß von Kameras, Scheinwerfern, ModeratorInnen und Publikum Gefühlsinszenierungen produzieren, ist selbstverständlich künstlich. Also Kunst. Die Spiegelung, Imaginierung und Umsetzung von möglichen Realitätsdarstellungen in Bild, Musik, Theater, Worte, Kleidung, Film. Impulstechnologische Erscheinungen wie Fernsehen, Computerinszenierungen, Videobilder. Environments, Happenings, Installationen, Events, Lightshows. Kunstwerke sind eine Weiterführung schamanischer magischer Rituale, die die Wirklichkeit, in der wir uns die meiste Zeit aufhalten, subtil oder brachial beeinflussen. Die uns eine bestimmte Sicht auf die Welt vorschlagen, damit unsere Gefühle beeinflussen und uns, wenn sie stark genug sind, dazu bringen, unser Leben in die vorgeschlagene Richtung zu lenken und zu verändern.

Was also wird in der Kunst gerufen?

Zum Einstieg in die Macht der Phantasie ein Vorschlag: Schau dir am Montag „The Searchers“ an, am Dienstag „Female Perversions“, am Mittwoch „Apocalypse now“, am Donnerstag „Matrix“, am Freitag „Mulholland Drive“, am Samstag „Tutto aposto e niente in ordine“, am Sonntag „Solaris“. Danach hast du einerseits einen schönen Überblick über die Beteiligung von Frauen am Filmschaffen (zwei von sieben), über die Phantasien von Männern und von Frauen, nicht allen, aber einigen. Und du kommst vielleicht ins Grübeln über deinen eigenen Geist und was er mit dir macht.

Kunstwerke spiegeln die Vorstellungen, Ängste, Sehnsüchte und Träume/Albträume ihrer ErzeugerInnen. Wenn du eine Frau bist, weißt du, was es bedeutet, einen Film, ein Bild zu sehen, ein Buch zu lesen, in denen Frauen nicht nur am Rand oder in einem zerstörerischen Zusammenhang vorkommen. Frauen haben sich daran gewöhnt, diese Art von „Kunstgenuß“ umzudeuten, sich mit Männern zu identifizieren, schlimmer, mit den Urteilen von Männern über Frauen. Wenn Picasso seine Geliebten zuerst als Blumen malt, um sie dann in abstrakte Fratzen zu zerlegen, mag das in dir oder in mir nicht viel auslösen. Aber dann stellen wir fest, daß viele männliche Künstler ihre Unfähigkeit oder Unwilligkeit, sich mit weiblicher Realität zu beschäftigen, in frauenfeindliche, zerstörerische Bilder, Filme oder Bücher umsetzen und daß diese männliche Paranoia sich in alltäglichen Bildern und Beschreibungen fortsetzt, in Werbung, Zeitungs- und Zeitschriftenbeiträgen.

Wir sind umgeben von künstlichen Darstellungen, die Frauen erniedrigen, verhöhnen, in konsumierbare Einzelteile zerlegen. Es gibt kaum ein Land, das die Verachtung von Frauen gesetzlich festschreibt. Aber gerade in den „hochzivilisierten“ Ländern der westlichen Welt ist das Selbstwertgefühl von Frauen erschreckend niedrig.

Ich kenne die Argumente von Männern und einigen Frauen, die diese superempfindlichen Frauen auffordern, nicht so humorlos zu sein. Das funktioniert allerdings nach dem Prinzip: Lies dieses Schild nicht! Schon gelesen! Schon wahrgenommen! Schon sickert die Botschaft ein: Frauen sind minderwertig und werden nur durch einen Mann erhoben, bedeutsam gemacht. Wie mächtig diese Botschaften sind, können wir daran messen, wie sehr Männer sich sträuben, Funktionen und Berufe weiblich zu benennen.

Ich kenne keinen Mann, der diesen Witz komisch findet: Was sind Männer in einem Säurebad? Ein gelöstes Problem. Ich finde ihn auch nicht komisch, weil ich nicht an Gewalt und Rache glaube, weil ich mich nicht auf ein Niveau drücken lassen will, das meinem Bewußtsein nicht entspricht. Welcher Mann würde Fotos, Filme, Bücher toll finden, in denen Männer als Sexobjekte von Frauen erniedrigt werden? Ich meine wirklich erniedrigt, nicht sexuell angetörnt.

Männer haben die letzten zweitausend Jahre Frauen auf unbeschreibliche Arten gequält, gefoltert und gemordet und sind oft genug damit durchgekommen. Wir kennen die Argumente. Schwere Kindheit. Gestörtes Sexualempfinden. Wenn aber drei Frauen einen Mann fesseln und mit einer Säge über seinem Geschlechtsteil herumfuchteln, ohne ihm ein Haar zu krümmen, werden sie zu hohen Haftstrafen verurteilt.

Wir haben uns an Kriegsgrauen, Kettensägenmassaker und Serienmörder gewöhnt. All diese Grausamkeiten werden uns im Fernsehen, in Filmen, Büchern und auf „Kunst"fotos ständig dargeboten. Wir haben uns daran gewöhnt, Sexualität und ihre Spielarten und Perversionen nicht nur in Kunstwerken von Männern zu bewundern, sondern als relevante Impulse aufzugreifen und zu verarbeiten. Warum eigentlich? Was wird da gerufen? Wer zwingt mir da sein Weltbild, seinen Frust, seine sexuellen Verbiegungen auf?

Warum muß ich mir die Unfähigkeit eines Mannes, mit einer Frau zu leben/zu schlafen/zu kommunizieren, zum hundertsten Mal in der hundertsten Variante reinziehen? Warum muß ich mich mit der Verachtung von Frauen, ihrer Körper, ihrer

Sprache, ihrer Lebensgewohnheiten beschäftigen, sie sogar internalisieren?

Kunst existiert nicht im freien Raum, unabhängig von der gelebten Wirklichkeit. In der Kunst spiegeln sich die Ängste, Sehnsüchte, Träume, Besessenheiten, Schrecken und Grauen der KünstlerInnen. Und Kunst schafft Wirklichkeit. Was gerufen wird, kommt, das ist ein altes magisches Gesetz.

Wenn Helmut Newton seine Frauenfotografien wie Futter für männliche Sexualphantasien anbietet, muß Alice Schwarzer sich aufregen, und es ist irgendwie auch klar, daß Newtons Frau, die Fotografin Alice Springs ihn, seine Genialität und die Freiheit der Kunst verteidigt. Hier geht's nicht um Kunst. Die Frau muß das Alphamännchen stärken, und Feministinnen in ihren dumpfen kämpferischen Ergüssen verstehen selbstverständlich nichts von Kunst. Die Diskussion um die Wehleidigkeit der Emanzen ist genauso deplaziert wie die Diskussion, ob Männer sich zum Pinkeln hinsetzen müssen. Wer das Klo putzt, gibt die Anweisungen. Wer sich von Darstellungen verletzt fühlt, hat das Recht, diesen Schmerz, diese Irritation zu formulieren, ob das jetzt cool ist oder nicht.

Völlig überraschend kam ich einmal selbst in die Situation, durch eine Darstellung und meine unsensible Reaktion jemanden zu irritieren. Aus Österreich hatte ich mir eine Stofftasche von Julius Meinl mitgebracht. Sie sieht hübsch aus. Auf gelbem Grund ist ein roter Mohr mit einem Bommelhut zu sehen. Nie im Leben habe ich mir darüber Gedanken gemacht, daß dies als rassistische Zumutung gelten könnte. Auch das Bildchen vom Sarottimohr, das ich noch aus der Kindheit habe, erscheint mir allenfalls läppisch. Dann hatte ich Besuch von afrikanischen FreundInnen. Einer machte eine Bemerkung über die Meinl-Tasche. Plötzlich empfand ich es wirklich als Zumutung, daß eine Lebensmittelfirma mit einem Schwarzen wirbt – im Zusammenhang mit „Kolonialwaren". Wir wissen ja, wie die zu uns gekommen sind. Natürlich könnte man argumentieren, daß die Meinl-Tasche oder der Sarottimohr harmlos sind. Aber es steht uns nicht zu, die Empfindsamkeitsskala afrikanischer Menschen zu drücken. Wie überhaupt niemand das Recht hat, eine Person anzugreifen, die sich durch eine Darstellung verletzt fühlt – auch wenn die Darstellung kein Gesetz bricht.

Rechtlich ist die Darstellung von Gewalt geregelt. Die Kunst darf vieles, fast alles. Kein Mensch darf sich allerdings wundern, wenn sadistische, gewalttätige Handlungsdarstellungen auf Fotos, in Filmen, in Zeitschriften ähnliche Handlungen in der gelebten Wirklichkeit zur Folge haben. Was gerufen wird, kommt. Die freie Äußerung des Künstlers ist unantastbar (mehr als die der Künstlerin, ich glaube kaum, daß Gerichte ein Kunstwerk durchgehen ließen, das sexuelle Gewalt an Männern zeigt; selbst die Inszenierung der Vagina-Monologe ruft ja unverhältnismäßig viel Abwehr hervor, wenn wir bedenken, auf wie wenig Abwehr Penisse in der Kunst treffen). Die Frage kann auch nicht sein: Was erlaubt das Gesetz? Die Frage ist vielmehr: Was ruft ein Kunstwerk? Wem schlägt es ins Gesicht, wen verletzt es? Und das ist keine Geschmacksfrage, sondern ein energetisches Problem. Was gerufen wird, kommt, beeinflußt das Enegiepotential, stellt Wirklichkeit her. Mit der gerufenen Wirklichkeit müssen sich dann nicht nur Kunstkritiker auseinandersetzen.

I make a wish and
make it come true for you too.
(Yoko Ono)

Frauen wurden aus der Kunstszene lange Zeit weitgehend herausgehalten. Das unschlagbare Argument: Ihre Kunstwerke reichen qualitativ für den Kunstmarkt nicht aus. Hausfrauenkunst! Kunstgewerbe!

Der Maßstab der Qualität hängt vom jeweiligen Stand der Kultur, des Geschmacks, des Bewußtseins ab und von der Art, wie menschliche Kommunikation und Interaktion geregelt, geordnet oder tabuisiert wurde. Der Begriff Qualität bezieht sich auf die Ansprüche derer, die über den Kunstmarkt, über „öffentliche" Kultur herrschen. Er bezieht sich nicht – kann sich nicht beziehen – auf die Authentizität des Ausdrucks, auf die Kraft der Darstellung, auf die Gültigkeit des Themas.

Es gab eine Zeit, da bezog sich Qualität durchaus auf die Genauigkeit, die technisch perfekte Umsetzung, die darstellerische Fähigkeit der Künstlerin, des Künstlers. Wer sich im 17. Jahrhundert malen ließ, hatte kein Interesse daran, als Blume, Kubus oder Baßgeige dargestellt zu werden. Da war ganz klar: Die Person, die Umgebung, die Natur mußten möglichst wirklichkeitsgetreu dargestellt sein. Aber zwei Jahrhunderte früher schockierte Jan van Eyck mit derart realitätsgetreuer Darstellung, daß seine Bilder als Blasphemie aufgefaßt wurden.

Mit der „wirklichkeitsgetreuen" Wiedergabe von Menschen, Szenen und Landschaften hatten weder Artemisia Gentileschi noch Angelika Kauffmann ein Problem. Dennoch hatten beide es schwer, in ihrer Zeit als Künstlerinnen zu bestehen. Suzanne Valadon war für Maler wie Toulouse-Lautrec oder Degas ein beliebtes Modell, aber als sie selbst anfing zu malen und wagte, in ihrem Bild „Adam und Eva" den nackten Mann samt Geschlechtsteil darzustellen, bekam sie Schwierigkeiten. Schließlich kapitulierte sie und übermalte den Penis mit einem Blatt.

Wie einst van Eyck mit extremer Realitätsnähe schockierte, so schockierte Anfang des 20. Jahrhunderts Picasso mit scheinbarer Realitätsferne. Die ersten abstrakten Kunstwerke stießen das Publikum ebenso ab wie die ersten Fotografien, die als Teufelswerk galten. Aber auch die Erfindung der beweglichen Bilder, des Films löste Abwehr und Schrecken aus. Bis in die siebziger Jahre wurde der Film in Deutschland nicht wirklich als Kunst angesehen, und noch heute liegen Oper und Theater in der Gunst der Kulturbeflissenheit höher. Vielleicht ist die Möglichkeit, mittels Film oder Fotografie Stücke aus dem Leben zu schneiden und neu zu arrangieren, einfach zu erschreckend. So genau wollen es viele am Ende doch nicht wissen. Gemalte Bilder, ein Musikstück, ein Theaterstück lassen sich anders aufnehmen und genießen, weil sie auf den ersten Blick von der Alltagsrealität weiter entfernt sind. Die Fotografien von Diane Arbus oder Nan Goldin dagegen kommen den banalen Ereignissen unseres Lebens beängstigend nahe. Genaugenommen fanden Menschen eigentlich jede neue Spielart der Spiegelung von Wirklichkeit immer schon schockierend und lehnten sie ab.

In den Anfängen der Fotografie war die technische Perfektion für die Beurteilung von Fotos genauso wichtig wie die künstlerische Umsetzung. Heute kann der Amerikaner Richard Prince Fotos aus Zeitschriften und Zeitungen ablichten, die unscharf und schwammig wirken, und stolz erklären, nie eine Dunkelkammer oder ein Labor betreten zu haben – es tut seiner Kunst keinen Abbruch.

Qualität ist also relativ. Abhängig von den Werten, Einschätzungen und Maßstäben der Zeit und der Gesellschaft gilt als qualitativ hochwertig, was den Kriterien der jeweiligen Richter entspricht. Noch bis vor wenigen Jahren galt afrikanische Kunst als eine Art Kunsthandwerk, „Stammes“kunst, ethnografische Volkskunst; heute wird afrikanische, ozeanische oder asiatische Kunst politisch korrekt als „Weltkunst“ deklariert und mehr und mehr in die großen Museen integriert. So verschwand das originelle Museum of Mankind in London, die Sammlung wurde

Teil des British Museum. Das Musee de l'Art de l'Afrique et Ozeanie in Paris wurde der politischen Korrektheit geopfert und in den Louvre integriert.

Publikationen zeigen den Zusammenhang zwischen moderner Kunst und alter Stammeskunst. Was einmal seltsames Hobby des Ethnologen war, ist heute hohe Kunst und entsprechend teuer im Preis. Gewürdigt werden denn auch meistens nicht die Künstler, sondern diejenigen, die deren Kunstwerke sammeln. Wer die Qualität dieser Kunst erkannt und öffentlich gemacht hat, bekommt die Ehre, namentlich genannt zu werden. Während bei „Ethno"kunst die Sammler die Qualität angeben, sind es bei zeitgenössischen europäischen Künstlern die Galerien und bei Künstlerinnen oft die Meister, die sie prägten oder in deren Zusammenhang sie immer genannt werden. Eine Frau wie Katharina Sieverding, die bei Beuys lernte, kann mit erhöhter Aufmerksamkeit rechnen. Die Qualität ihrer Kunst wird einigermaßen wohlwollend vorausgesetzt.

Beschäftigt sich eine so eingeführte Frau aber zu sehr mit weiblichen Themen, gar mit weiblicher Spiritualität (Judy Chicago zum Beispiel oder Ulrike Rosenbach), dann kann sie sehr schnell weg vom Fenster sein, was dazu führt, daß viele Künstlerinnen großen Wert auf Abstand zur feministischen/spirituellen Frauenszene legen und keinesfalls als Feministinnen oder überhaupt als „Frauen" gelten wollen – als gebe es in der Kunst keine Unterscheidung zwischen männlichen und weiblichen Ausdrucksformen. Tatsächlich spielt ja die Vagina ebensowenig eine Rolle im künstlerischen Prozeß wie der Penis, aber die gesellschaftliche Wirklichkeit von Männern und Frauen kann schon sehr stark auseinanderklaffen. Thematisiert eine Frau diese Kluft zu sehr, muß sie mit öffentlich attestiertem Qualitätsverlust ihrer Kunstwerke rechnen. Nicht jede Künstlerin hat Lust oder genügend Mittel, um die Disqualifizierung als Feministin durchzustehen. Deshalb existieren einige angesehene Künstlerinnen lieber als Neutrum in der Kunst. Qualität vor Identität.

„Frauen und Schwarze drücken die Preise", erkannte in den achtziger Jahren ein bekannter Münchner Galerist, eine bekennende Feministin aber muß sich mit dieser Erkenntnis gar nicht erst herumschlagen, weil sie kaum eine Galerie finden wird, die ihre Kunstwerke vertreten will. Ausnahmen bestätigen wie immer die Regel.

Qualität ist ein kommerzieller Mythos, entstanden durch das Bedürfnis, den Wert eines künstlerischen Ausdrucks zu erhöhen. Im direkten Ausdruck gibt es aber tatsächlich keine Qualitätsmaßstäbe. Vielleicht den der handwerklichen Verarbeitung, aber niemals den der spirituellen Essenz eines Kunstwerks. Ein Kunstwerk kann nicht verstanden, nicht gemocht werden, nicht ansprechen oder abstoßen. Dennoch kann es kommerzielle Qualität besitzen. Schönheit, Intensität, Authentizität sind ja nicht entscheidend für „Qualität". Jemand bekommt für einen leeren Raum, in dem Licht an- und ausgeht, den Turner-Preis. Ist das Unsinn oder Qualität oder spirituelle Intensität? Botschaft? Verarschung? Während wir darüber nachdenken, geben wir nicht nur dem Künstler Raum und Zeit. Auch selbst wachsen wir an den Prozessen, die „umstrittene" Kunst auslöst.

Oder ist vielleicht jeder Mensch Künstler, und der Mythos der Qualität verhindert, daß der Markt überschwemmt wird mit Kunst, die ohne weiteres neben Beuys oder Miro oder Warhol bestehen könnte?

Qualität ist ein Anpassungswert an gängige Wertvorstellungen. Wer sich im schöpferischen Prozeß mit Qualitätsvorstellungen beschäftigt, würgt die Inspiration zugunsten der Anpassung ab. Wer Qualität „machen" will, pervertiert sie, ähnlich der Person, die Liebe „machen" will. Qualität entsteht durch radikale Hingabe an die Inspiration, gepaart mit handwerklichen Fähigkeiten.

Allerdings wird nicht jede Form von Hingabe vom Kunstmarkt oder der Öffentlichkeit goutiert. Die künstlerische Hingabe einer Frau an die Menstruation ist zum Beispiel nicht qualitätsfähig, egal wie qualitativ hochwertig das Produkt ist. Daraus könnten wir schließen, daß die Wahrnehmung von Qualität etwas mit Angstfreiheit zu tun hat. Wo Angst das Hirn blockiert, entstehen Protest, Wut, Widerstand.

So wie Männer Angst vor der Menstruation oder vor Frauen in oder nach den Wechseljahren haben und die dazugehörigen Themen lieber nicht veröffentlicht sehen, haben Frauen Angst vor dem sexuellen Kolonisierungsprozeß durch Männer. Ein Fotograf wie Nobuyoshi Araki, der Frauen in sexuellen Männerphantasie-Positionen zeigt, zum Beispiel gefesselt, löst bei Männern zwar Begeisterung mit Qualitätsbestätigung aus, Frauen aber fühlen sich von seinen Fotos abgestoßen und gedemütigt, was auf der Hand liegt.

Ich kenne wenige Männer, die die Darstellung nackter, gequälter, sexuell gedemütigter Männer angenehm finden. Die Wahrnehmung reagiert assoziativ. Wir können uns gar nicht dagegen wehren, daß unser Archiv Warnungen auswirft, die verhindern sollen, daß wir in Gefahr geraten.

Daß es Frauen gibt, die Demütigung und Quälerei brauchen, ist ein alter Hut. Wer Gewalt in der Kindheit erlitten hat, kennt nichts anderes. Daraus kann noch kein Qualitätsbegriff gestrickt werden. Und natürlich arbeitet Araki, der sagt, Fotos, die nicht pornografisch seien, finde er langweilig, mit der magischen Wirkung von Bildern. Geschaffen wird eine männliche Realität, in der es künstlerisch richtig, wertvoll und selbstverständlich ist, sich der Frauen zu bedienen und klarzumachen, daß Frauen zur Befriedigung männlicher Bedürfnisse geboren wurden. Andererseits wird auch die Realität der Frauen gestaltet. Bist du nicht so „frei", dann bist du eine Zicke, keine wirkliche Frau, nicht erotisch, eine blöde Emanze. Fühlst du dich abgestoßen und verletzt, bist du verklemmt und willst Kunst zensieren.

Hier ist es vielleicht doch wichtig, darauf hinzuweisen, daß nicht nur die Kunst, sondern auch die Gerichte mit zweierlei Maß für Männer und Frauen richten.

Meine magischen Happenings und Installationen wurden manchmal nur dadurch möglich, daß sie unter dem Begriff „Kunst“ liefen, selbst Polizisten sind sich da nicht immer sicher, was erlaubt ist und was nicht.

„Was machen Sie denn da?“

„Eine Kunstaktion.“

„Ach so. Naja, da ist ja im Prinzip nichts dagegen einzuwenden, solange die Autofahrer nicht behindert werden.“

„Die sind nicht behindert. Die sind nur neugierig.“

Aus einer Kanarienvogelhalterin
wird niemals ein Kanarienvogelhalter
Auch kein männlicher.
(Luise Pusch)

Wann Kunst anfing, ein lukratives Geschäft zu werden, weiß ich nicht. Aber mit der patriarchalen Absteckung der Claims – als die Erde zerstückelt und parzelliert, Tiere und Pflanzen als Lebensmittelvorrat gehalten und Frauen von Männern, die ihr Überleben allein nicht sichern konnten, in Besitz genommen und instrumentalisiert wurden, als Zeit Geld und Lebenszeit Ware wurde – wird wohl auch jede Art von künstlerischer Darstellung Besitzern zugeordnet worden sein.

Die großen patriarchalen monotheistischen Religionen hielten sich Auftragskünstler, die die Eckpfeiler und Grundkoordinaten des entsprechenden Glaubens bildlich darstellen sollten. Reiche Männer ließen sich und ihre Familien malen, um ihre Bedeutung zu untermauern. Und obwohl es immer Malerinnen, Bildhauerinnen, Komponistinnen gegeben hat, erfuhren wir lange Zeit nichts von ihnen. Zum einen, weil ein Metier an Ansehen verliert, wenn ein so niedriges Wesen wie eine Frau virtuos darin ist. (Beim Bergsteigen heißt es, ein Berg sei eine „gemähte Wiese", wenn eine Frau ihn bestiegen hat.) Zum anderen, weil Männer sich für Frauen in der Kunst und sonstwo nicht interessierten, außer es waren junge attraktive Frauen, die eventuell in ihren Betten landen konnten.

Jahrhundertelang taten Männer alles, um den Eindruck zu erwecken, Frauen seien zur Versorgung, Unterstützung, Belustigung und Befriedigung von Männern erschaffen worden. Also war es schon besser, geniale Frauen nicht zu erwähnen – sonst wäre ja vielleicht ans Licht gekommen, daß Männer gar nicht so einzigartig genial sind. Die „Weltwoche" veröffentlichte kürzlich das Ergebnis einer deutschen Studie, nach der Frauen nicht nur sozialer und gemeinschaftlicher arbeiten, sondern auch eine schnellere Auffassungsgabe, mehr Organisationstalent und mehr Originalität besitzen als Männer. Solche Erkenntnisse sind erst denkbar, seit Männer über Neutronenwaffen und Gentechnologie Frauen notfalls komplett ausschalten können.

„Unsere Zivilisation hat Zement zwischen uns und die Erde, Gift zwischen uns und die Luft, Technologie zwischen uns und die Jahreszeiten plaziert", schreibt die New Yorker Kunstkritikerin Lucy Lippard in ihrem Buch *Overlay*. „Wir haben unsere ländlichen/matriarchalen Verbindungen zu natürlichen Phänomenen verloren, und ihr Wiederaufleben scheint in der Verstädterung des Landes immer unwahrscheinlicher."

Können Frauen so einfach der Natur und Männer der Technologie, dem Fortschritt zugeordnet werden? Fortschritt heißt ja Fortschreiten von einem Ausgangspunkt, wie Ingrid Crone sagt. Insofern stimmt es vielleicht schon, daß Männer fortschreiten, während Frauen bleiben. Läßt sich daraus der Schluß ziehen, daß Frauen Nestschmuck anfertigen und Männer die großen Kunstwerke schaffen?

Einige Kunstkritiker wollen ja immer gern in diese Kerbe hauen, und in den sechziger und siebziger Jahren mag das auch geklappt haben, aber mit der Einführung von Impulstechnologie, Computern, Videos, Internet usw. mußten die Jungs eine Überraschung erleben. Die Frauen, die man für alles zu blöd glaubte, fingen an, den Bereich der Medienkunst zu erobern und zu prägen. Und jetzt kann kein elitäres Gesetz und kein Geldmangel sie vom Markt zurückdrängen. Internetzugang ist in der kleinsten Hütte, im einfachsten Cybercafé und das fast rund um den Erdball.

Wir wissen nicht, wer die frühzeitlichen Frauenidole geschaffen hat, wer überall magische Bilder in die Felsen ritzte. Aber bis vor kurzem wußten wir auch nicht, daß es Künstlerinnen, Komponistinnen, Bildhauerinnen gab. In der schreibenden Tradition tauchten wohl immer wieder Frauen auf, aber erst die neue Frauenbewegung holte die vergessenen, verbannten Dichterinnen, Schriftstellerinnen, Malerinnen, Architektinnen,

Komponistinnen ans Licht der Öffentlichkeit. Wenn junge Frauen heute sagen, sie brauchen keine Feministinnen, radikale Frauenrechtlerinnen öden sie an, dann können sie bereits aus dem Vollen schöpfen. Die Diskriminierung der Frauen wird ihnen vielleicht gelegentlich privat aufstoßen, aber in der Öffentlichkeit sehen sie genug kreative, politisch einflußreiche Frauen.

Der Feminismus war und ist ein Mittel, um die Wirklichkeitsvisionen der Frauen bekannt zu machen. Die Frauen sind in der Wirklichkeit angekommen. Aber es ist immer noch eine Wirklichkeit, die von Männern entworfen, umgesetzt und kontrolliert wird. Und bei aller Anerkennung einer gewissen Gleichstellung darf doch nicht vergessen werden, daß Frauen, egal ob in der Wissenschaft, der Wirtschaft, der Politik oder der Kunst, nur da akzeptiert werden, wo sie den Konzepten patriarchaler Wirklichkeitsmanipulation nicht diametral entgegenstehen. Das heißt, daß Frauen immer die Vorgaben erfüllen und ihre Freiheit in der Ausführung der Erfüllung, nicht aber in der Aufhebung der Vorgaben besteht.

Deshalb ist es auch uninteressant, wenn Leute immer wieder sagen: Ja, aber da, wo Frauen sind, sind sie auch nicht besser. Wenn ich in einem Scheißhaus arbeite, kann ich nur Klofrau sein. Ich kann was Buntes anziehen und duftendes Klopapier auslegen, ich kann Bilder an die Wände hängen und Reggae hören, aber ich bleibe Klofrau. Und meine Arbeit wird dekorativ, dienend, erläuternd, unterstützend sein, aber nie systemverändernd, denn die Tatsache, daß ich als Klofrau arbeite, bedingt ja das Klo als Arbeitsplatz. Alles klar?

Daß Frauen auf dem Kunstmarkt heute im Kommen sind, wird wohl auch damit zu tun haben, daß Originalität, Fachwissen, Mut, Virtuosität nicht auf ewig verdrängt werden können. Daß es Gruppierungen wie die Gorilla-Girls in den USA gab, die die männliche Vetternwirtschaft im Kunstbetrieb anprangerten und witzige Aktionen machten, bei denen sie Gorillamasken trugen.

Der Ende der siebziger Jahre in Berlin gegründete Verband der Filmarbeiterinnen brachte filmschaffende Frauen aus allen Berufen zusammen. Auch Projekte, die die Lebens- und Arbeitsbedingungen von Frauen in der Kunst erforschen, wie „Josephine Beuys" von Martha Reichenberger in München, trugen zur Verstärkung weiblicher Präsenz bei. Galerien für Frauen wie die von Barbara Gross in München gaben Frauen neue Marktmöglichkeiten.

Daß Barbara Gross mittlerweile auch Kunst von Männern zeigt und feministische Künstlerinnen wie Nancy Spero in großen Galerien und Museen gezeigt werden, beweist nur, daß Frauen es nicht nötig haben, gehätschelt zu werden. Wenn sie gleiche Möglichkeiten haben, sind sie auf dem Kunstmarkt präsent. Und wenn sie die gleiche Ausbildung haben wie Männer, sind sie besser. Das ist keine feministische Parole, sondern eine wissenschaftliche Erkenntnis.

Aber was bedeutet das alles? Können wir aus der Tatsache, daß immer mehr Frauen ihre Kunst in Museen und Galerien zeigen und es immer mehr Managerinnen und leitende weibliche Angestellte gibt, schließen, daß sich das Blatt wendet und die Frauen so etwas wie Gleichheit erreichen? Leider nicht. Die Tatsache, daß zum Beispiel China und Indien eine männliche Überbevölkerung heranzüchten, indem Mädchen abgetrieben oder nach der Geburt umgebracht werden, wirft kein günstiges Licht auf die Entwicklung zugunsten der Frauen.

In Ländern wie Afghanistan, Kosovo, Palästina, Israel, Kongo, Zaire wachsen Generationen heran, die nichts als Krieg kennen, und überall auf der Welt gibt es Millionen junger Männer ohne Ausbildung, ohne Hoffnung. Dazu kommt, daß Frauen aus den wirklich mächtigen Positionen auch heute weitgehend herausgehalten werden. Wenn es den Männern an die Privilegien geht, wenn durch Gleichstellung die Jobs von Männern in Gefahr geraten, hört der Liberalismus auf, den sich ohnehin nur Industrienationen leisten. Noch können wir die Namen der erfolgreichen Künstlerinnen mühelos aufzählen, während selbst prominente männliche Künstler in der Masse ihrer Kollegen untergehen.

Wie kann es gelingen, die Frauen wieder zurückzudrängen? Sie sind gut ausgebildet, intelligent, gut vernetzt. Schauen wir nach Afghanistan. Dort haben die Frauen gezeigt, daß sie trotz Krieg und Hunger ein funktionierendes Bildungsnetzwerk, eine gemeinschaftliche Struktur aufbauen konnten. Wen sehen wir heute in den Fernsehnachrichten? Irgendwelche hochgekommenen Superhelden, medienwirksam ausgestattet mit den Phrasen der Berufspolitiker. Was ist aus den gut vernetzten Frauen geworden? Eine von ihnen sagt: Nach Afghanistan kommt Gott nur zum Weinen.

Die Männerbünde geben ihre Macht nicht so leicht auf. Solange es was zu schießen, zu verdienen, abzuzocken und abzusahnen gibt, stehen die Männer vorn an der Rampe. Egal ob im Krieg oder in der Kunst. Wenn sie allerdings so ratlos sind, daß Aktien billiger und guter Rat teurer werden, dann holen sie sich Frauen, um den Karren aus dem Dreck zu ziehen. Neulich erhielt ich eine Einladung zu einer Debatte über die „Marke Deutschland". Ich sagte der Organisatorin, daß mich nationalistischer Scheißdreck nicht interessiere und ich für die Marke Deutschland keine Zukunft sehe. Sehr gut, freute sie sich, gerade solche Querdenkerinnen brauchen wir.

Was heißt da Querdenkerin? Wer denkt, liegt in jedem Fall quer. Signalwirkungen haben das Denken weitgehend ersetzt. Und dort, wo Denkprozesse entstehen, zum Beispiel bei feministischen, engagierten Frauen, werden sie schnell von der patriarchalen Realität plattgemacht. Was nützen Querdenkerinnen und Denkprozesse, wenn sie nicht verstanden werden?

Seit Jahrzehnten warnen Frauen vor der Auswirkung von Gewaltvideos und Brutalität im Kino und im Fernsehen. Es geht nicht um Zensur, denn tatsächlich gibt es ja eine Grenze des Zumutbaren, des Erlaubten in der Darstellung, wie zum Beispiel Gewalt in der Sexualität oder sexuelle Ausbeutung von Kindern, die bereits jetzt gesetzlich festgelegt ist. Warum die

Darstellung von Mord und Totschlag, von brutaler Gewalt aus dieser Gesetzgebung ausgenommen ist, weiß ich auch nicht. Vielleicht weil sie so allgegenwärtig ist, daß man sie kaum noch eindämmen kann? Vielleicht weil Männer darauf abfahren und Frauen blöd finden, die sich darüber aufregen?

Produkte der Unterhaltungsindustrie und der Kunst haben eine große Wirkung auf Heranwachsende. Je hilfloser sich Jugendliche fühlen, um so stärker identifizieren sie sich mit Gewalt, weil Gewaltphantasien befriedigen, wenn man machtlos ist. Daß es bei Phantasien nicht bleibt, haben unter anderem die Amokschützen von Bad Reichenhall und Erfurt gezeigt. Wenn Eminem in Rapsongs über Vergewaltigung von Frauen philosophiert, öffnet er eine Tür für Männer: Es ist okay, so etwas zu träumen und so etwas zu tun. Die Wirkung rechtsradikaler Lieder auf das Publikum wurde schneller erkannt als die Wirkung von frauenfeindlichen, frauenausbeuterischen Popsongs, Fotos oder Filmen.

Solange Männer, ihre privilegierten Positionen und ihr Ruf nicht gefährdet sind, greifen sie nicht ein. Sie greifen nur ein, wenn ihnen Nähe zu Nazis oder Schwäche vorgeworfen wird oder wenn sie ihren Job verlieren könnten. Daß Frauen zu Gewaltdarstellungen oft eine so schwammige Haltung einnehmen, kann nur daran liegen, daß sie es sich mit den Herrschenden nicht verscherzen wollen, daß sie zeigen wollen, wie cool sie sind.

Nicht nobel geht die Welt zugrunde, sondern cool.

Too much of a good thing
can be wonderful.
(Mae West)

Anfang der achtziger Jahre erlebte ich einen Durchbruch von der Kunst zur Magie, der mein Leben, meine Rituale und meinen magischen Spielraum neu ausrichtete. Ich entdeckte einen Fotoband der Ritualkünstlerin Mary Beth Edelson.

1979 hatte ich für meinen Spielfilm „Hexen" mit Freundinnen ein Ritual gestaltet, das eine lange, wichtige Sequenz im Film bildet und die Männer des Filmteams in Ratlosigkeit, ja Schrecken versetzte. Wir drehten mitten im Wald, ein Aggregat mußte für den Strom für die Scheinwerfer sorgen. Der Kameramann hatte die Anweisung, einfach alles mitzudrehen. Ich konnte ihm keine einzelnen Einstellungen vorschlagen, weil ich selbst an dem Ritual teilnahm, das nur ein einziges Mal gefeiert wurde.

Aus heutiger Sicht war dieses Ritual der Beginn meiner magischen Arbeit in der Öffentlichkeit. Damals ahnte ich davon nichts. Wir Frauen hatten uns den ganzen Nachmittag vorbereitet, mit Gras und Binsen, Blättern und anderem Material die Kleider und Masken angefertigt, plötzlich ging es nicht mehr um einen Film. Es ging um uns, um das Ritual, um die lebendige Energie, die ein Ritual erzeugt.

Als ich Mary Beth Edelsons Ritualfotos sah, klickte es. Ich war begeistert: Es gab rituelle Kunstinszenierungen, die sowohl Kunst wie Magie waren! Ich fühlte mich in meiner Arbeit bestärkt. Mit Inea Gukema nahm ich an meinem Medizinplatz in den bayrischen Bergen Fotos von einer Ritualperformance auf (in „Mond Tanz Magie" und „Zaubergarn"). Kunst als Ritual. Ritual als Kunst. Rituelle Kunst als magisches Mittel. Damit hatte ich mich weit von den magischen Entwürfen meiner Kindheit entfernt. In den „Bunten Heften", die ich mit meiner Schwester Ilse schrieb und zeichnete und die meine Mutter im Büro für uns zusammenheftete, war meine magische Imagination noch: „Sie hatten ein Jahr Ferien und Turnen eine Viertelstunde."

Ich hatte mich mit der Entdeckung meiner Magie aus der Kindheit und der Umsetzung in Rituale aber auch weit vom tiefsten Punkt meiner Initiation in die eigene Kraft entfernt, der mich mit einundzwanzig Jahren fast umgebracht hatte. Ich kam damals mit einer Welt nicht mehr oder noch nicht zurecht, die nicht auf meine Bedürfnisse eingerichtet war, die mich mit Forderungen und Zwangsmaßnahmen überflutete (ich empfand bereits den Kleidercode und die Aussicht auf Verlobung oder Heirat als Zwangsmaßnahme einer spießigen Gesellschaft, für die ich nur Verachtung übrig hatte). Es kotzte mich an, daß ich attraktiv, ansprechend, sexy, hübsch sein sollte, um bestehen zu können. Ich kaufte Schlaftabletten und legte mich ins Bett. Ich wollte nicht sterben. Ich wollte einfach nur schlafen.

Ich schrieb zwei Kurzgeschichten, die verloren gingen, die ich aber noch im Kopf habe. Die eine handelt von einer Frau, die im Bett liegt, zu schwach um zu leben, zu unentschlossen um zu sterben, eine Spinne sitzt über dem Bett. Sie fängt an, die Frau einzuspinnen, bis sie schließlich in einem Kokon verschwindet. Die andere Geschichte beschäftigte sich mit einer Postkarte, die über meinem Bett hing. Da war ein zauberhafter Park, in dem ein junger Mann stand. Die Geschichte handelte davon, wie die Frau sich in die Postkarte hineinträumt. Am Ende liegt sie nicht mehr im Bett, auf der Postkarte steht jetzt neben dem Mann eine Frau.

Meine Schwester holte mich aus meiner Trance und zurück ins Leben. Danach erkannte ich diesen tiefsten Punkt meiner Initiation mit der Spinne als Initiationsführerin oft in Bildern und Filmen wieder.

Die linke Politik mit ihren kopffüßlerischen männlichen Protagonisten hatte mir das Mark aus den Knochen gezogen, Selbsterfahrungsgruppen mit Frauen und der Beginn der Reise in die magische Kraft gaben mir Nahrung, die mich übermütig und stark machte. Diese Initiation erinnerte mich immer an das

Märchen von der Prinzessin auf dem Baum, die ein Schweinehirt von einem Zauberer erlösen will. Der Schweinehirt muß dazu eine dreitägige Probezeit bei einer alten Zauberin machen, der Lohn dafür würde ein Pferd, ein Zauberroß sein. Die Tochter der Zauberin rät dem Schweinehirt, das schwächste Pferd zu nehmen und den Kuchen, den die Hexe ihm geben würde, an das Pferd zu verfüttern, weil darin sein Knochenmark sei, das die Alte ihm herausgezogen habe.

Dieses Bild beschäftigte mich seit meiner Kindheit: Dem Pferd wird das Mark aus den Knochen gezogen, es wird von der Zauberin gebacken (später dann der Ausspruch: du bist doch nicht ganz gebacken! Aha!) und in dieser alchimistisch veränderten Form (durchs Feuer gegangen, mit magischen Kräften angereichert) zurückgegeben. Daraufhin wird das Pferd so stark und schnell, daß es nicht mehr zu besiegen ist.

Das war meine Einweihung. Ich ging – immerhin mit zwei Kurzgeschichten, die den Prozeß beschrieben – durch meine eigene Hölle. Als ich daraus hervorkam, war ich so stark, daß mir kein Liebesschmerz, kein Mißerfolg, kein Stress, keine Beleidigung, auch nicht die vernichtenden Kritiken zu meinem ersten Theaterstück rund fünfzehn Jahre später an den Münchner Kammerspielen etwas anhaben konnten.

Ich hatte eine entscheidende Entdeckung gemacht: Wenn du an der eigenen Hölle nicht untergehst, sondern sie durchwanderst, dich nicht von den Hunden mit den tellergroßen Augen und den scharfen Zähnen erschrecken läßt, die Juwelen, das Gold und die irdischen Reichtümer ignorierst und nur den schlichten Haselzweig mitnimmst, der dir deine magische Kraft verleiht, dann kann dich kein schlechtgelaunter Kritiker, keine Journalistenmeute, keine Talkshow, keine Kritik aus den Reihen der Frauen, kein Neid, kein Haß mehr zerstören.

Mag sein, daß es gut ist, Geld zu haben, um sich künstlerisch zu verwirklichen. Für mich war Geld nie das Problem, ob ich bettelarm war (die ersten Jahre mit meiner Tochter) oder mit Stipendien verwöhnt oder gut gehalten (jetzt) – das Entscheidende war stets die Inspiration. Das Geld für die Umsetzung bekam ich immer. Die Inspiration nährt sich nicht vom Kontostand. Sie ignoriert den Kontostand, sowohl im Plus als auch im Minus. Allerdings finde ich es heute hilfreich, genug Geld für die Umsetzung meiner Ideen zu haben, und glorifiziere die Armut kein bißchen. Ich lernte in der Zeit meiner größten Armut die Solidarität von Frauen schätzen, was mich heute motiviert, armen Freundinnen finanziell zu helfen, soweit es mir möglich ist.

Nach Mary Beth Edelson kam Ulrike Rosenbach mit ihren Performances, Barbara Starrett legte mit „Ich träume weiblich" neue, unerhörte Traumpfade. Die Filme „Rashomon" und „Das Schloß im Spinnwebwald" von Akira Kurosawa beglückten mich durch ihre magische Kraft – während bei Shakespeare die drei Hexen des „Macbeth" üble Manipulateurinnen sind, bringt Kurosawa eine ganz andere Gestalt auf die Wegkreuzung: die Schicksalsgöttin, die den Faden webt. Nicht drei Hexenhandwerkerinnen, die eine alte männliche Urangst verkörpern, nehmen das Heft in die Hand, sondern die Göttin. Das kommt nicht von ungefähr. Japan ist das einzige Land, das noch eine Staatsreligion mit einer Göttin, Amaterasu, im Mittelpunkt pflegt. Gerade bei Kurosawas Filmen läßt sich die Verbindung zwischen Kindheitsbildern, politischem Bewußtsein, magischen Fähigkeiten und Kunst wunderbar erkennen.

Meinen ersten Wetterzauber machte ich bei den Dreharbeiten zum Film „Der junge Mönch" von Herbert Achternbusch 1976 in Island. Die karge Landschaft brachte mich ins Zentrum meiner magischen Kraft. Ich saß an einem Loch, aus dem blauer Schlamm blubberte, und fing gegen meinen Willen an zu murmeln und zu summen. Seither bin ich mit dieser tiefen heißen Kraft der Erde verbunden. Im Film spielte ich eine Amazone. Und zu den Amazonen zog es mich nun.

Verena Stefans Buch „Häutungen", das für die Autorin und für viele Frauen den Durchbruch zu einer selbstbewußten Frauenkultur schaffte, wurde zur Bibel der Frauenbewegung.

Mich beeindruckte am meisten, als Verena Stefan bei ihrer ersten Lesung im Frauenbuchladen München sagte, es gehe ihr nicht besonders gut, weil sie gerade ihre Menstruation bekommen habe. Bis zu diesem Zeitpunkt hatte keine Frau, die ich kannte, das Wort Menstruation in der Öffentlichkeit in den Mund genommen. Bluten war peinlich. 1969 hatte ich in Rom eine Verabredung mit einem Mann, in den ich verliebt war. Er strahlte mich an, als wir uns trafen. Dann weiteten sich seine Augen: Bist du verletzt? Er deutete auf meine Beine. Ich trug eine weiße dünne Hose, und das Blut, das an meinen Beinen herunterlief, hatte auf dem weißen Stoff bereits Bahnen gezogen. Ich flüchtete.

Blut schockiert das Publikum immer noch, vorausgesetzt es ist weibliches Menstruationsblut. Die amerikanische Künstlerin Jenny Holzer gestaltete Ende der neunziger Jahre ein Magazin der Süddeutschen Zeitung. Um die LeserInnen aufzurütteln, ließ sie das Magazin mit dem Blut von Frauen drucken, um auf das Leid der vergewaltigten Fauen in Serbien aufmerksam zu machen. Ein Aufschrei der Entrüstung ging durch die Leserschaft. Krieg, Vergewaltigung, Folter – okay, das stecken wir weg, aber Frauenblut? Da hört der Spaß auf.

Auf einer Reise durch die Sahara legte ich in der Wüste einen Kreis mit Steinen aus, die ich von weit her holen mußte, weil es fast nur kleine Kieselsteine gab. Ich setzte mich in den Kreis und sang. Als wir den Platz verließen, konnte ich den Kreis noch lange sehen. Form verändert den Raum. Okay, alles ist nichts. Aber das Nichts ist gestaltbar. Die Phantasie will spielen. Das Archiv im Kopf will kombinieren und neu gestalten.

Ich entdeckte Richard Lond und Hamish Fulton. Die beiden wanderten zusammen neunmal durch England, Nepal, Südamerika und andere Gegenden, wobei sie überall magische Zeichen setzten und fotografierten. Richard Long trug Steinkreise und Steinreihen in Museen. Ich war erfüllt von einer Energie, die unbeschreiblich beglückend und verheißungsvoll war: Alles ist gestaltbar. Alles ist Kunst. Alles ist Magie.

Eines Morgens fuhr ich um vier Uhr früh mit dem Fahrrad zum Königsplatz. Ich hatte keine Ahnung, was ich da wollte. Ich war aufgewacht und hatte gedacht: Der Königsplatz muß geöffnet werden. Es war Frühsommer, die Vögel fingen gerade an zu singen. Ich stellte mich barfuß in die Mitte des scheußlich gepflasteten Platzes und begann zu wirbeln, zu singen, zu rufen, zu trillern. Ich hörte Stiefel über den Platz marschieren, und Gänsehaut kroch mir den Rücken hoch. Ich hatte angefangen, also würde ich weitermachen. Ich tanzte. Eine Performance für niemanden. Ein Gesang nur für mich, die Vögel und die Geister. Einige Monate später beschloß die Stadt München, das Pflaster aufzureißen und den Platz zu begrünen.

Ich träumte von einem Häuschen, das sich auf einem Hühnerfuß mit der Sonne dreht, wie das Häuschen von Baba Yaga, zeichnete Entwürfe und fing wieder an zu malen. Die Energiewesen, die sich mir vorstellten, bekamen eine Gestalt aus Ölfarben, Kreiden, Aquarellfarben, Bronze, Holz. Und ich begann, magische Puppen zu machen. Eine aus dem Leder eines Tuareg-Geldbeutels, eine aus alten Stoffen meiner Oma, eine aus Hirschleder von den Lakota, eine aus Wolle, Stroh und Knochen... Jede Puppe machte mich mit einer Kraft in mir bekannt. Eine Puppe, die ich für meine Tochter Walli machte und die sie in das Gepäckfach ihrer Vespa legte, rettete uns bei einem Unfall vielleicht das Leben. Während Vespa, Walli und ich lädiert waren, überstand sie alles unbeschädigt und half uns bei einem Heilungsprozeß, der auch eine Art Einweihung in die Magie der Selbstheilungskraft wurde.

Ich begann über die Kunst zur Magie, über die Magie zur Kunst zu gehen. Während ich die Traditionen magischer Kunst in Afrika, Indien, Nepal, Tibet und bei amerikanischen UreinwohnerInnen studierte, bekam ich immer mehr Lust, meine magischen Rituale, meine spirituellen Helferwesen als Kunstwerke zu inszenieren. In der Stadt streute ich Mehl- und Reisigkreise, mit Freundinnen setzte ich Lichtschiffchen auf den Fluß. Eine Form, die nicht zum Alltag gehört, irritiert den alltäglichen

Ablauf. Wenn auf einer Straßenkreuzung ein Kreis aus Paprika, Kakao und Maismehl ausgestreut ist, sieht das nicht nur schön aus und riecht wunderbar nach Kakao, es verzaubert auch den Geist, die Seele und bringt eine spiralige neue Energie in den Tagesablauf, der ja linear und schnell gehen soll.

Die Bewegung, die aus Kunst Magie macht, geht von innen nach außen. Sie beginnt für mich mit dem Essen und dem Versuch, einen Tee zu finden, der die Pisse und den Schweiß wohlriechend macht. Dünner Ingwertee, literweise getrunken, kommt dem schon sehr nahe. Hagebuttentee ebenfalls. Die Gestaltung des Körpers ist für mich hauptsächlich Wahl des Schmucks, denn ich trage fast nur Schwarz und wähle den Schmuck meiner jeweiligen Energiesituation entsprechend. Ich habe Glas-, Porzellan-, Stein-Perlenketten, rituellen Schmuck aus Nepal, Tibet, Indien, Afrika, Fetischketten und Amulette. Je mehr ich mich mit der Kraft dieser besonderen Materialien beschäftige, um so weniger Schmuck trage ich. Das führt dazu, daß ich förmlich unsichtbar werde. Es kommt vor, daß Menschen mich über den Haufen rennen, weil sie mich nicht wahrnehmen.

Meine Wohnung ist derart von meiner magischen Arbeit geprägt, daß sie uncool aus jedem Einrichtungstrend herausfällt. Das Erstaunliche an deiner Wohnung, sagte die Galeristin Dany Keller, ist die völlige Abwesenheit von repräsentativen Gegenständen. Die Einrichtungslinie ist magisch definiert. Altäre, Schreine, spiritueller Spielraum zwingen Küche und Wohnzimmer, sich unterzuordnen. Die Energie alter Möbelstücke ist mir wichtiger als die dekorative Qualität, die neue Teile bringen würden. Denn meine Wohnung ist mein magisches Spielfeld. Nicht die Anpassung an Einrichtungsvorstellungen unserer Zeit zählt, sondern gewachsene Wärmefelder, energetische Tankstellen. Daß dann schon mal ein einzelner Stein auf einem von meinem Hintern polierten, matt schimmernden Parkettboden steht und aussieht wie ein Zen-Arrangement, ist ein Abfallprodukt meiner Traumzeitspur.

Seit einigen Jahren habe ich die Fotografie in meine Arbeit aufgenommen. Mein Leben ist von Fotos begleitet und dokumentiert. Fotografie ist für mich die radikal subjektive Wahrnehmung des Augenblicks, der Versuch, Zeit, Raum und Form in einer Spiegelung festzuhalten und dadurch neue Interpretationen von Wirklichkeit auszulösen.

Fotos sind Spiegelungen meiner Wahrnehmung der Welt, ein Fragment der Wirklichkeit, der Augenblick zur Ewigkeit verlängert. Dabei interessiert mich nicht mehr der perfekte Abzug eines Bildes. Ich bearbeite Fotos durch Fotokopieren, bis durch die Körnigkeit, durch die Veränderung der Farbfelder das Bild so aussieht, wie ich es mit meinem Auge gesehen, wie ich mich bei der Wahrnehmung des Bildes gefühlt habe. Wahrnehmung ist ja nicht nur optisches Sehen, sondern in viel größerem Maß Verarbeitung des Gesehenen durch das Hirn. Ich möchte mit meinen Bildern dahin kommen, daß sie den Bildern in meinem Kopf gleichen und dennoch die Wirklichkeit nicht verfälschen.

Wenn ich müde bin, sehe ich die Welt nicht ganz scharf. Wenn ich glücklich bin, erscheint mir alles leuchtend und hell. In einer bestimmten Stimmung schaue ich das Meer an, und es wirkt auf mich wie ein Fingerabdruck der Erde. Fühle ich mich fremd, werden dunkle Wolken bedrohlicher und unbekannte Häuser geheimnisvoller.

Und immer bin ich auf der Spur des Lichts, ohne es künstlich setzen zu wollen. Wie fällt es in eine Landschaft, wie informiert und verschleiert es? Licht kommt auch aus dem Fernseher. Die Wirklichkeit, die über den Bildschirm in die Wohnung fällt, ist einzig von Lichtimpulsen definiert. Ich spiele mit Bildern und versuche sie so zu rekonstruieren, wie sie in den Spiegel meiner Augen fallen.

Trag die Korallen.
Geh in hellem Wahn!
(Ingeborg Bachmann)

Die senegalesische Modeschöpferin und Künstlerin Oumou Sy kleidet ihre Models in Kreationen aus silbrig schimmernden CDs. Sie verarbeitet Stroh und Kalebassen, um Frauen durch die Materialien zu befreien, die sie im Alltag einengen. Sie hüllt sie in hauchdünne Spinnweben und Federkleider. „Denken Sie an die Frauen, die das tragen sollen, wenn Sie Ihre Entwürfe machen?“ wurde sie von einem Journalisten gefragt. Ich glaube nicht, daß Galliano, Gaultier und Kollegen je so etwas gefragt wurden. In der Phantasie der Modeleute existieren die Frauen nicht, die morgens ihre Kinder zur Schule bringen und dann schnell im Supermarkt einkaufen gehen. Das wäre auch keine wirkliche Herausforderung. Denn der Alltag hat die Menschen fest im Korsett der phantasielosen Alltags- und Sportkleidung.

Nehmen wir die Grundausstattung des Mannes: Hose, Hemd, Sakko und vor allem dieser eigenartige Schlips, bei dem sich jemand mal was gedacht haben muß: Der Pfeil zeigt nach unten. Hier spielt sich's ab (ungeachtet der Alltagserkenntnis, daß es sich hier keineswegs abspielt). Man könnte es auch so deuten, und das wäre evolutionstechnisch korrekter: Jeder Mann mit Schlips trägt einen Strick um den Hals, an dem er sich notfalls aufhängen kann. Denn evolutions- und bevölkerungstechnisch gibt es zu viele Männer (zum Befruchten braucht es ja relativ wenige, und wenn man von den gespeicherten Ergüssen in den Samenbanken ausgeht, gar keine mehr). Die Ausrüstung des mutlosen, vom Alltag niedergebügelten Mannes ist der Anzug, in der Freizeit die Radlerhose oder der Trainingsanzug.

Als H&M im letzten Sommer Männerröcke anbot, waren sie innerhalb einer Woche ausverkauft. Das beweist, daß es nicht nur mutlose, sondern immer mehr phantasievolle, unkonventionelle Männer gibt, die sich selbst durchaus schon in einer neuen evolutionären Phase sehen: nicht als Beherrscher der Welt, der Natur und der Frauen, sondern als Unterhaltungsfaktor. Auf der Demonstration gegen den Natogipfel in München lief mir ein Junge über den Weg, der mir wie eine Zukunftsvision erschien: Er stand den behelmten, uniformierten und bewaffneten Polizisten mit langen Haaren, einem T-Shirt ohne Firmenaufdruck und einem verspielten roten Rock gegenüber. Da prallten zwei Welten aufeinander: die, die nur Kampf und Verteidigung kennt, die trainiert, die Zähne zusammenbeißt und ganze Männer hervorbringt, die konformistisch und uniformiert gekleidet sind, auch wenn sie nicht bei der Polizei oder beim Bund arbeiten. Und eine andere, in der plötzlich alles offen ist, alles neu definiert werden kann, nichts festgelegt ist, alle Rollenmodelle neu angeschaut werden. Diesen Luxus kann sich allerdings eine Welt mit Überbevölkerung, Wasserknappheit und Rohstoffmangel nicht leisten.

Als ich ein Kind war, trug ich die Kleidung meiner Schwester und meiner Freundinnen auf, weil wir arm waren. So lief ich immer verkleidet herum – das hatte einen gewissen Zauber. Im Fasching wurde ich mit den spärlich vorhandenen Mitteln offiziell verkleidet. Ich ging als Zigeunerin, als „Maler", den wir uns mit Farbflecken und Palette dachten. Wunder waren billig. In den späten fünfziger Jahren war ein Petticoat das höchste der Gefühle. Dazu Hulahup-Reifen, die wir über den aufgeblähten Röcken kreisen ließen. Zur Anpassung an die Norm reichte das Geld allerdings nie. Damals wurde mir klar, wie entscheidend Kleidung zur Zusammengehörigkeit beiträgt.

In angelsächsisch geprägten Ländern versucht man seit langem über eine Schuluniform die Kluft zwischen Arm und Reich zu verwischen. Heute gibt es an unseren Schulen auch eine Art Uniform, die aber geprägt ist von Zugehörigkeiten: Skater tragen weite Hosen und Jacken einer bestimmten Firma, Prols tragen Lederjacke und Goldketten usw. Junge Frauen müssen möglichst schmale bauchfreie Oberteile und enge Hosen tragen. Uniform schafft ästhetische Signale. Und Signalwirkungen ersetzen immer mehr das Denken. Wer in die schmalen Teile nicht reinpaßt, muß hungern.

Uniformierung und das daraus resultierende Zusammengehörigkeitsgefühl sind wahrscheinlich so alt wie die Menschheit. Wir wissen nicht, was die mythische Jäger- und Sammlerinnen-Generation getragen hat. Wir stellen uns Felle und Strohröcke vor, aber sicher gab es auch damals schon Rangunterschiede durch Materialien. Wer sich im Mittelalter nicht in ein Korsett schnüren konnte, wurde der dienenden Abteilung zugeordnet. In Bayern legt man noch heute Wert auf Zugehörigkeit durch Tracht, und wer sonntags mit Trachtenmantel und Spitzhut durch die sauberen Straßen bayrischer Kleinstädte wandert, weiß sich der ordentlichen Bevölkerung zugehörig. Entsprechend ungeduldig ist man mit jungen Menschen, die optisch aus diesem Bild herausfallen und auch nicht als Skater der upperclass zu identifizieren sind. Dabei ist gerade der Lumpenlook oft ein Zeichen für understatement – nur nicht zeigen, was man hat!

Alte Frauen trugen im Süden und auch bei uns früher vorwiegend schwarze Kleidung zum Zeichen für Trauer und Vorbereitung auf den Tod. Kurioserweise hat die Mode da eine verrückte Wende gebracht: Heute tragen junge Menschen schwarz, während Alte in pastellfarbenen Sportklamotten herumlaufen, weil „die nicht so alt machen". Allerdings kann kein schwarzes Teil so alt machen wie diese Mischung aus lilablassblau und helltürkis. Ich trage schwarz, weil mir der Alltag der Geschäfte, Werbung, Events zu grellbunt ist. Schwarz öffnet einen Raum, in dem alles verschwinden kann. Bunte Ketten oder Schals wirken dann besser.

Auch wer keinen Wert auf Kleidung legt, gibt die eigene Haltung preis, denn Kleidung ist Kunst, ist Signal an die Umwelt: Ich bin toll, ich bin originell, ich will meine Ruhe, ich vertrete eine bestimmte Volks- oder Interessengruppe... Die Wahl der Farben sagt etwas darüber, welche Signale gesendet werden sollen. Die Kühnheit der Ausführung sagt etwas darüber, wie schüchtern oder provokativ, wie zurückhaltend oder aufdringlich eine Person ist. Und die Uniform der mutlosen Männer – Anzug, Hemd, Krawatte – sagt: Diese Männer wollen, daß alles so weitergeht, auch wenn sie sich vielleicht eine Blüten-Vagina von Georgia O'Keeffe in die alarmanlagenbewehrte Wohnung hängen.

Die Empörung der Patriarchenwelt über „Latzhosenlesben" gleicht der Empörung braver Bürger über Picassos „Schmierereien" in den vierziger und fünfziger Jahren, bevor es uncool wurde, Picasso zu kritisieren. Seidenmalerei und Selbstgeschneidertes erbosen immer noch echte Kunstfreaks, und die hat Rosemarie Trockel mit ihren Strickbildern gut aufgemischt. Mag sein, daß heute nicht mehr Kleider Leute machen, sondern eher Autos und Uhren, aber Kleider senden Signale und tragen damit zur zunehmenden Denkfaulheit bei. Bei den einen geht der Blutdruck hoch, wenn sie ein ärmelloses Kleid sehen, bei den anderen reichen dafür Tracht und Gamsbarthut. Die einen fühlen sich durch Uniformen provoziert, die anderen durch Schlabberklamotten. Kleidung zwingt uns, Farbe zu bekennen und uns zu zeigen. Damit hat Kleidung die provokative Sprengkraft von Kunstwerken.

Menschen, die sonst keinen Zugang zu Kunst oder Magie haben, verhalten sich oft instinktiv wie Angehörige animistischer Traditionen. Sie haben Kleidungs- oder Schmuckstücke, die sie schützen oder stärken sollen. Ich kenne ManagerInnen, die sich ein wichtiges Gespräch, einen alles entscheidenden Termin nur in einem besonderen Kostüm, mit einer speziellen Unterhose vorstellen können, die ein Erinnerungsschmuckstück, einen alten Ring, eine unscheinbare Kette zur Verstärkung ihrer Kraft anlegen – reine Magie. Darin finden sich Spuren der Traumzeit, eine tiefe Verbundenheit mit der Energie, die sich in Gegenständen ansiedeln kann.

Es gab natürlich immer schon Traumzeithüllen, die keine andere Funktion erfüllten als die Verbindung zur Natur herzustellen und mit ihren Materialien die Trägerin anzureichern – Bast, Federn, Gras, Rindenstoffe. Problematischer wurde das Tragen von Tierfellen nicht nur wegen des Artenschutzabkommens, das heutigen Azteken das Tragen traditioneller Feder- und Fellkleidung aus Tierschutzgründen verbietet. Tierfelle übertragen die Energie des getöteten Tieres, und je grausamer und sinnloser Tiere abgeschlachtet werden, um so unangenehmer ist die Auswirkung auf die TrägerInnen. In den achtziger Jahren empörten wir uns über Fellträgerinnen derart, daß wir Frauen mit Pelzmänteln Glaskleber über den Rücken strichen. Binnen Sekunden wurde der Kleber hart, der Mantel wurde nach hinten gezogen und versteifte. Das machte die Tiere allerdings auch nicht lebendig.

Das Material der Traumzeithüllen prägt die TrägerInnen. Im Fasching ging ich einmal mit einer Jacke aus Zeitungspapier tanzen – jetzt erfahre ich, daß diese Jacke wohl das ideale Sterbekleid sein wird. Tote werden heute nur noch in Papierkleidung begraben.

Heute ist der Geschmack der Mehrheit unterirdisch.
(Charlotte Roche, Viva-Moderatorin)

Die Traumzeit lebt in den Handtaschen der Frauen, sage ich im Warteraum des Einwohnermeldeamtes, da wo Pässe ausgestellt, Identitäten und Lebensberechtigungen verteilt werden, zu einer blassen, gelangweilten Frau. Darf ich mal in Ihre Handtasche schauen?

Bei Ihnen ist wohl 'ne Schraube locker, sagt die Frau, umklammert ihre Tasche und rückt von mir ab. Ich muß an einen Zwischenfall in Bad Reichenhall denken.

Ich besuchte meine Mutter, die dort zur Kur war. Ich trug Jeans, ein T-Shirt und eine braune Wildlederjacke. Der Zug fuhr in den Bahnhof ein. Auf dem Bahnsteig standen zwei alte Damen. Als ich ausstieg, sagte die eine zur anderen eindringlich: Hand-tasch-e-fest-hal-ten! Und bestimmt dachte sie dabei nicht an die Traumzeit.

Jedenfalls fing ich an, der Frau zu erklären, daß Handtaschen für mich ein höchst geheimnisvoller Ort sind, an dem sich Dinge sammeln, die nicht unbedingt der Organisation des Alltags dienen. Oft genug schleppen wir Dinge mit, die wir für die Alltagsgeschäfte eigentlich nicht brauchen. Und das, sagte ich, ist ein Zeichen, daß wir mit geheimnisvollen Fäden in einer anderen Realität verwoben sind, die uns tröstet, die uns Kraft gibt. Ich bin Künstlerin, sagte ich. Das nimmt das Bedrohliche.

Die Frau lachte. Bei mir würden Sie nichts finden, was ich nicht ständig brauche.

Wetten wir, sagte ich. Wenn ich verliere, lade ich Sie zu einem Kaffee ein. Wenn ich gewinne, auch. Wir schauten uns an. Plötzlich entdeckte ich etwas in ihren Augen. Eine Erinnerung. Ein Erwachen. Das Einwohnermeldeamt verschwand. Die vierzig Leute, die mit uns warteten, verschwanden. Sie öffnete ihre Handtasche und holte einen schwarzen Geldbeutel heraus, einen Lippenstift, ein Päckchen Papiertaschentücher, ihren Paß, ein paar Formulare, einen Brief, eine Schachtel Zigaretten, ein Feuerzeug. Dann lächelte sie irgendwie schadenfroh.

Darf ich mal? fragte ich. Sie nickte. Ich drehte den Geldbeutel um. Auf der Rückseite klebte ein Pfennig.

Was ist das? fragte ich.

Ein Glückspfennig, sagte sie zögernd.

Wir sind uns einig, daß Sie mit einem Pfennig nichts kaufen können. Sie haben den Pfennig aufgeklebt, also rechnen Sie gar nicht damit, ihn auszugeben, sagte ich.

Er bringt Glück, sagte sie.

Glück, sagte ich. Das ist eine Traumzeitsubstanz. Glück gibt es nicht da, wo es Einwohnermeldeämter, Pässe, Zigaretten oder Lebensmittel gibt. Stimmt's?

Sie lachte breit. Na und?

Ein Glückspfennig verbindet Sie mit der Traumzeit. Sie träumen vom Glück. Sie träumen davon, daß etwas geschieht, das eigentlich im Ablauf Ihres Alltags nicht vorgesehen ist.

Viele Menschen haben Glückspfennige, sagte sie etwas verunsichert.

Sage ich doch, sagte ich. Aber warum sollte mit einem aufgeklebten Pfennig Glück oder Geld kommen?

Das ist halt so ein Brauch, sagte sie.

Als wir beide mit den Realzeitformalitäten fertig waren, gingen wir ins Café gegenüber und tranken Kaffee.

Ich erforsche den Inhalt von Handtaschen, sagte ich, weil mir klar wurde, daß Frauen eine besondere Form der Magie pflegen, und Magie ist das Gewebe der Traumzeit.

Sie spinnen ja wirklich, sagte sie.

Sie vielleicht auch, gab ich zu bedenken.

Früher sagten die Leute immer, ich sei eine Hexe, sagte sie und lachte.

Diese Begegnung war nicht etwa einmalig. Wann immer ich Frauen bat, in ihre Handtasche schauen zu dürfen (nicht alle willigten ein), kam ziemlich schnell zur Sprache, daß die

Frauen entweder selbst sagten, sie seien Hexen, oder erwähnten, daß sie dafür gehalten würden. Daß sie besondere Fähigkeiten hätten, daß ihre Männer ihnen manchmal sagten, sie seien „komisch". Was meine Theorie bestätigt, daß alle Frauen geheimen Zugang zu einer Realitätsebene haben, die offiziell nicht abgesegnet wurde. Alle.

In einer Handtasche kam ein kleines Lederstück zum Vorschein. Auf meine Frage, was es denn damit auf sich habe, sagte die Frau, der die Handtasche gehörte: Ich brauche das Lederstückchen, um mich sicher zu fühlen. Wenn ich es vergesse, ist das ein schlechtes Zeichen.

„Zeichen", „Glück", auch die deutsche Sprache verbirgt einige Traumzeitsubstanz, wenn wir genauer hinschauen. Was sollte das denn sein, ein Zeichen? Von wem? Wofür?

Handtaschen enthüllen, daß für die Frauen, denen sie gehören, Realitäten und Gewebe existieren, über die sie meistens nicht sprechen. Wenn wir aber ins Gespräch kamen, wurde diese Ebene plötzlich farbig und lebendig. Ich fühle mich verbunden, sagte eine, es gibt Kräfte, die mich beschützen, die mich lieben.

Ein Psychiater könnte auf die Idee kommen, diese Frauen seien so einsam oder so unsicher, daß sie Sicherheit dort suchen, wo es keine untreuen Ehemänner, keine ungerechten Chefs, keine vernichtenden Mütter, keine übergriffigen Väter gibt. Aber Psychiater sind wohl auch Personen mit wenig Phantasie oder Traumkraft. Die können sich eben nicht vorstellen, daß, während sie einer Frau diese Diagnose stellen, ihre eigene Frau mit einem Kräuterbündel, einem Lederfleckchen, einem Glückspfennig, einer Joker-Spielkarte, einem Stein, einem Briefumschlag, auf dem nichts steht, Kontakt zur Traumzeit aufnimmt. Die, wenn sie es wüßten, ihren Frauen Valium, Librium oder Prozac verpassen würden, damit diese irrationale Aufwallung schnell niedergedämpft würde.

Das brachte mich auf die Idee, die Hosen- und Jackentaschen von Männern unter die Lupe zu nehmen. Und siehe da:

Auch im Leben von Männern gibt es Traumzeitanker, deren unsichtbarer Faden in die Unendlichkeit hinaustreibt, dorthin, wo Impulse die schnelle Erklärung und Rationalisierung von Energien verweigern.

In der Dunkelheit von Handtaschen, Hosentaschen, Jackentaschen schlummern Erinnerungen an eine Zeit, in der es keine Terminkalender gab. In der keine lästigen Pflichten riefen, keine Forderungen gestellt wurden. Der Kontakt mit diesen Materialien radiert die Jetztzeit in dieser Realität aus. Frei schwebt der Geist in Wärmefelder der besonderen Art, in Glücksgefühle, die durch alle Zellen strömen und das dürre Gerüst der Alltagswirklichkeit einfärben, den Geist aus der Linearität ins spiralige Drehen und Tanzen freigeben. Ist es nicht so, daß alle Menschen eine Erinnerung, eine Sehnsucht an dieses freie Schweben in die Traumzeit bewahrt haben?

In den Handtaschen meiner Zauberkolleginnen wohnen Traumzeitsubstanzen ganz unverhüllt: Medizinbeutel mit Kräutern und kleinen Kristallsplittern, Kraftgegenstände aller Art, Göttinnenfigürchen, Zettel mit magischen Zeichen und Schriften. Viele Frauen tragen magic charts mit sich herum. Das sind Zettel, auf denen Wünsche aufgeschrieben sind, die sich erfüllen sollen.

Das entspricht einer alten magischen Tradition in allen Kulturen dieser Welt: Was du formulierst, aussprichst, rufst, das kommt. Was immer du mit dir herumträgst, wird sich schließlich erfüllen, genährt von deiner Körperwärme und der Verheißung, das alles, aber auch wirklich alles möglich ist.

In meiner Tasche befinden sich im Augenblick folgende Gegenstände: ein Lederbeutel mit einem Grigri, in dem mein Geld wohnt, bis ich es weitergebe. Der Beutel ist aus Gazellenleder, das mir eine Freundin vor fast dreißig Jahren geschenkt hat. Ich habe ihn selbst genäht und mit Knöpfen und Perlen verziert. Der Grigri, eine Art Amulett mit einer Schnur daran, stammt aus dem Senegal. Eigentlich sollte ich ihn um die Taille tragen, aber er engte mich zu sehr ein, und ich gewann den Eindruck, daß er lieber mein Geld bestrahlen wollte, was sich bewährt hat.

Ein Tagebuch mit Fotos aus meinem Leben. Das Tagebuch ist für mich eine Art magisches Logbuch. Ich schreibe Träume, Projekte, Gedanken hinein (wie übrigens viele Frauen), und es hilft mir, eine Kontinuität in meinen Traumzeiterfahrungen wahrzunehmen und daraus Kraft zu schöpfen.

Ein getigerter Kugelschreiber. Auf der Buchmesse hat mir vor etwa fünfundzwanzig Jahren eine Übersetzerin diesen Stift geschenkt mit der Bemerkung: Damit sollst du Erfolgsbücher schreiben. Ich kann mich nicht beklagen!

Eine Hühnerkralle, mit der ich mir unliebsame Gesellschaft vom Hals halte. Genaugenommen ist es eine Hahnenkralle. Den Hahn habe ich selbst geschlachtet, als ich noch auf einem Bauernhof lebte und wir jedes Jahr Hähne schlachteten. Ich zögere auch nicht, das zu erwähnen, wenn eine lästige Anmache sich als Angriff entpuppt. Aber die befriedigendste Wirkung kam doch immer, wenn ich mich mit der Kralle träge am Kopf kratzte. Ende der Bedrohung.

Ein Kraftbeutel aus einem Stück Echsenleder. Ich bekam es von einem Zauberer in Nigeria, nähte es zu einem Beutel und verzierte es mit einer Muschel und einem Lederband. Ich bewahre darin kleine Kristalle aus Tibet auf, die mich in jedem Augenblick daran erinnern, daß die Wildnis überall und die Zivilisation nur eine dünne Schicht über einem unendlichen nicht erforschten Raum jenseits der Zeit ist.

Ein Walkman mit einer alten bootleg-Kassette eines Auftritts von Youssou N'Dour. Das erinnert mich daran, daß auch Musik die Qualität des Übertritts in andere Realitäten beinhaltet.

Ein Kajalstift. Wer denkt, Schminkzeug sei nun wirklich ohne jede Traumzeitqualität, weiß nichts über die magische Bemalung, die eine Art Maske darstellt, mit der wir uns von der alltäglichen Überforderung abgrenzen.

Ein Taschentuch von meiner Großmutter – Verbindung zur Welt der Ahninnen, die uns mit ihren Impulsen ständig nährt, wenn sie uns nicht gerade diszipliniert. Manche Ahnen und Ahninnen tun das natürlich. Was sie uns im Leben eintrichterten, wirkt gern in der Erinnerung fort. Ich habe mich von den Wertvorstellungen meiner Großmutter weitgehend gelöst, nicht aber von ihren magischen Kräften.

Protect me from what I want.
(Jenny Holzer)

Bei einem Seminar in den Bergen wohnte ich mit den Frauen aus der Gruppe in einem Gasthof, der von Hippies geführt wurde. Alles erwartete ich hier, Marihuanapflanzen, Baghwanbilder, selbstgestrickte Pullover, die Rede des Black Elk auf einem Aufkleber, ein Bild von Bob Marley oder die Schwitzhütte, die es tatsächlich gab. Aber was ich in der Küche fand, überraschte mich dann doch: In einer kleinen Mauernische neben dem runden Küchentisch brannte ein Teelicht, garniert von Steinen, Kräutern und Körnern, vor einer Statue der Jungfrau Maria.

Die Jungfrau? Bei euch? fragte ich entgeistert.

Der Wirt, seine blonde Rastalocken reichten bis zu den Schultern, errötete sanft. Naja, sagte er verlegen, man braucht doch so etwas wie eine schützende Kraft im Haus.

Bei den ungeschützten Teelichtern (die übrigens die ganze Nacht unbeaufsichtigt brannten) braucht ihr eher den heiligen Florian, schlug ich vor.

Aber er beharrte darauf, mit einer Madonna im Haus sei jede Gefahr gebannt. Er kam aus einer katholischen Bergbauernfamilie, in der es Brauch war, im Haus einen Marienaltar aufzustellen. Das überrascht niemanden. Ein Kreuz an der Wand, ein Hausaltar, vielleicht ein kleiner Weihwasserkessel sind in einem katholischen Haushalt ebenso normal wie in einer afrikanischen Hütte ein AhnInnenschrein, mit dessen Hilfe der Kontakt zu den Geistern der Verstorbenen und den Göttinnen und Göttern bewirkt wird.

Schreine und Altäre sind eigentlich das, was der Kunstbetrieb „Installation“ oder manchmal auch „Environment“ nennt, gepaart mit einem „Event“, nämlich der Aktion, die vielleicht vor oder mit dem Schrein stattfindet. In vielen westafrikanischen Häusern und Hütten gibt es Altäre, die sicherstellen sollen, daß die spirituelle Einbindung immer wieder erneuert wird, *religio* im ursprünglichsten Sinn: Rückbindung in die Traumzeit durch Symbole, Gegenstände und Arrangements.

Diese sind in den verschiedenen Kulturen unterschiedlich. Eine Kultur verträgt es nicht, wenn Gesichter – Menschen oder gar GöttInnen – dargestellt werden, die andere baut hauptsächlich auf das Kreuz. Eine verlangt Naturmaterialien, die andere bunte Farben. Die großen Staatsreligionen, die die Einbindung der Individuen in die offizielle Religion streng strukturieren, haben eines gemeinsam: Sie vertragen weder Abweichungen vom Dogma noch blasphemische Äußerungen. Aber gerade diese stellten in Stammesreligionen einen wesentlichen Wert dar. Das Heilige, das Göttliche muß verhöhnt und verspottet werden können, damit im Kontrast dazu die wahre Spiritualität wieder spürbar werden kann.

Auch optisch kommen die großen Religionen relativ phantasielos daher. Man hat sich auf ein paar Zutaten zur Anregung und Befriedigung religiöser Gefühle geeinigt, und mehr gibt's nicht. Im Münchner Stadtteil Nymphenburg wurde für die abgebrannte Herz-Jesu-Kirche ein hochmoderner Raum aus Glas, Holz und Metall gebaut. Von nah und fern kommen BesucherInnen, um diesen schönen, hellen Kirchenbau anzuschauen. Hier zeigt sich die Strenge der christlichen Symbolik am deutlichsten: Kreuzformen überall und im blauen Glas der Fassade Nägel.

Hat sich eigentlich schon mal jemand Gedanken gemacht, wie Gewaltlosigkeit und Frieden kommen sollen, wenn mit dem Gekreuzigten, der Dornenkrone auf dem Kopf, ständig Gewalt, Folter und Tod gerufen werden?

Altäre und Schreine der nicht-offiziellen Religionen sind wesentlich bunter. In Indien zum Beispiel werden für die Göttin Kali schwarze Steine mit roter Farbe bemalt und mit bunten Blüten beopfert. Hinduistische Schreine und Altäre, die oft unter Bäumen oder an der Straße stehen, sind mit ihrer Farbenpracht, ihrer künstlerisch anspruchsvollen Ausstattung zu anerkannten Kunstwerken geworden, das heißt, Teile dieser Schreine und Altäre wurden gestohlen und in Ausstellungen in Europa und Amerika gezeigt.

Magie und Religion sind nicht nur spirituelle Erbauung, sondern auch Kunst, und Kunst ist Kommerz, das ist klar. Da können keine Zugeständnisse an altmodische Religionen gemacht werden. Auch schmucklos strenge buddhistische Schreine erfüllen ganz und gar die ästhetischen Vorstellungen kunstinteressierter Sammler von heute. Daß religiöse Kunst aus Afrika seit mehr als hundert Jahren gestohlen und gesammelt wird, ist bekannt. Mittlerweile gibt es Bestrebungen, religiöse, spirituelle Kunstwerke, Altäre, Schreine zur Weltkunst zu deklarieren. Weltkunst – das heißt, von der UNO anerkannte Kunst, nicht geringer eingestuft als beispielsweise Picasso oder Max Ernst. Wie auch. Gerade die expressionistischen Maler und Bildhauer haben einen großen Teil ihrer Werke afrikanischer und asiatischer sakraler Kunst zu verdanken, die sie kopiert und weitergesponnen haben.

Der größte Teil der Kunstwerke in ethnografischen Museen sind Gegenstände aus dem rituellen Alltag, aus Altären und Schreinen in Afrika, Ozeanien, Asien und den Ureinwohnerkulturen Amerikas. Kunst war Kontaktaufnahme mit den höheren Wesen. L'art pour l'art gab es nicht. Ein Kunstwerk hatte eine klare Aufgabe.

Die „Installation" eines Hausaltars mußte nicht schön sein, wie auch ein Kunstwerk nicht schön sein muß. Der Altar mußte Energie anziehen und abgeben können. Das Kunstwerk stellt allein die Sicht des Künstlers, der Künstlerin auf die Welt dar. Ein Altar, ein Schrein wurde und wird so gestaltet, daß die Kraft, die gerufen werden soll, bestmöglich dargestellt wird, denn, altes magisches Gesetz: Gleiches zieht Gleiches.

Wahr ist, daß in der sogenannten „dritten Welt" den Missionaren die Händler folgten. Was die Missionare verdammten und den Menschen wegnahmen, räumten die Händler beiseite und verkauften es. Skrupellos zockten die Vertreter der reichen Welt die Armen ab. Was sie nicht wußten: In afrikanischen Religionen wird nicht wie in der kapitalistischen Welt der Gegenstand angebetet, sondern die Kraft, die durch den Gegenstand gerufen wird.

Von dieser Kraft ahnten die Sammler Europas und Amerikas lange Zeit gar nichts. Ahnungslos kauften und ersteigerten sie „Kunstgegenstände", die in Wirklichkeit Raumstationen waren und, kaum installiert, ihre Bewohner riefen. Die meisten leben als Gefangene ihrer „Kunst" in hermetisch verschlossenen Häusern und Wohnungen und ahnen nicht, daß sie längst an den Fäden mächtiger Energien hängen. Sie geben ihr letztes Geld für ein neues „Stück" und folgen doch nur der unbeirrbaren Kraft uralter Geistwesen. Da sie nicht mit ihnen in Kontakt treten (können), sind sie ihnen hilflos ausgeliefert und dienen fortan der Erfüllung ihrer Forderungen, von denen sie allerdings nichts ahnen. Wer mit den Energien in Kontakt tritt, die in Fetischen, Amuletten, Grigris, Heiligenfiguren und magischen Skulpturen lebendig sind, kann mit spirituellen Ebenen in Berührung kommen, die den meisten Menschen unbekannt sind.

In den letzten Jahren ist gerade in der Frauenszene die Lust an Hausaltären und spirituellen Arrangements gewachsen. Kraftsteine, Muscheln, Kräuter, bunte Tücher, Kerzen, Wasserschalen, Federn, kleine Idolfiguren – der Phantasie sind keine Grenzen gesetzt, und viele Frauen gestalten ihre Altäre opulent und einfallsreich.

Allerdings gibt es auch Frauen (und Männer), die Altäre und Schreine konsequent ablehnen. Mit diesen Frauen (und Männern) will ich mich noch ein wenig beschäftigen. Die meisten dieser „rationalen" Personen haben Überzeugungen wie „Religion ist Opium für das Volk", „ich glaube nur, was ich sehe", „ich kann mit dem Irrationalen nichts anfangen", pflegen aber die Liebe zu Markenzigarren oder Kultlokalen, richten sich mit Designermöbeln ein und legen Wert auf teure Namen bei

Kleidung und Küchengeräten. Es ist natürlich müßig, darauf hinzuweisen, daß Musik, Kino, gutes Essen oder guter Sex auch irrational sind. Denn rational ist eigentlich nur, was der Existenz, Reproduktion und detailgetreuen Wiederspiegelung dieser existenziellen Reproduktionswirklichkeit dient.

Gleiches zieht Gleiches, ob daran geglaubt wird oder nicht, denn das ist kein Glaubensbekenntnis, sondern ein Phänomen, das sich daran überprüfen läßt, wie Glück oder Unglück ins eigene Leben kommen. Geschieht etwas Schreckliches, kommt sicher noch Ähnliches dazu. Herrscht gerade eine Glückssträhne, gesellen sich gern alle möglichen angenehmen Ereignisse dazu. Altäre und Schreine unterstützen dieses Phänomen, das übrigens nicht nur Menschen kennen. Die Männchen einer Krähenart bauen in der Zeit der Werbung, wenn sie ein Krähenweibchen für sich gewinnen wollen, Kreise aus Fundstücken, die besonders farbig, glänzend oder sonstwie auffällig sind. Es kommt vor, daß ein Krähenmännchen aus einem gelungenen Flirt-Schrein Einzelteile herausklaut, um die eigene Installation schöner zu machen.

In Afrika kann es passieren, daß Europäer auf kleine Straßenschreine mit Steinen, Kauris und Lehmfiguren Müll werfen, weil sie die spirituelle Natur der Installation nicht erkennen, die in Indien dagegen sehr sichtbar ist, weil Straßenschreine mit Farben, Blüten und Räucherstäbchen geschmückt werden. Kult und Kunst zu erkennen, ist auch in Deutschland nicht immer leicht. Unvergessen ist die legendäre Putzfrau, die die Badewanne sauberschrubbte und das Heftpflaster abzog, das Joseph Beuys im Rahmen der Installation draufgeklebt hatte.

Ich will nicht
an den abgeschnittenen Fingernägeln der Götter
Geld verdienen.
(Susanne Wenger)

Im magischen Zentrum des Senegal, in der Casamance, besuchte ich einen Zauberer. Mit Skepsis beobachtete ich, wie er seine wirklich spektakuläre Show abzog und seinen Fetisch mit Bauchrednerstimme ausstattete. Die weise Frau, die ich vorher besucht hatte, brauchte solche Tricks nicht. Sie setzte sich einfach zu ihrem Altar im Dschungel und sang für den Waldgeist, der durch eine Grasfigur dargestellt wurde. Während der Schrein des Zauberers eher kunstlos und etwas verdreckt war, konnte man Fantas Grasgeist durchaus als Kunstwerk bezeichnen, das ihr, wenn sie nicht aufpaßt, eines Tages vielleicht von Kunsthändlern gestohlen wird, was Fanta nicht weiter beunruhigt, weil sie sagt: Dinge werden gestohlen, der Geist nie.

Fanta gab mir einige Stofftalismane, in die sie allerlei Kräuter eingearbeitet hatte. Der Zauberer von Kabrousse machte mir einen Ziegenhornfetisch. Beide sind in einer Tradition aufgewachsen, in der es keinen Zweifel über die Macht von Fetischen gibt. Materie wird dazu benutzt, Energie aufzunehmen. In einem Ritual wird die Energie gerufen. Sie wohnt dann in dem Gegenstand, dem Fetisch.

Wenn auch die meisten Todesfälle, die in Afrika auf „Zauberei" zurückgehen, in Wirklichkeit Giftmorde sind, gibt es doch gelegentlich Fetische, die unheilvolle Kräfte in sich bergen. Der Fetisch, den mir der Zauberer von Kabrousse machte, wurde mir von einem Freund abgenommen, der von den mächtigen magischen Kräften des Zauberers wußte. Als er hörte, daß der Fetisch einen Geld- und Erfolgszauber enthielt, wollte er ihn unbedingt haben. Es sieht aber so aus, als sei die Kraft des Fetisches zu mir übergesprungen, ihm hat er jedenfalls nichts gebracht. Die kleinen Stoffamulette von Fanta dagegen verbreiten überall Freude und Fülle.

In der Sahara verbrachte ich einmal eine Nacht allein am Fuß des Timbeur bei einer steinzeitlichen Felsgravur, dem „Zauberer". Ich wollte in Erfahrung bringen, ob die alte Kraft noch an diesem Ort wohnt, hatte aber vorher nicht darüber nachgedacht, ob ich ihr gewachsen sein würde. Abgesehen davon, daß ich fast erfror, weil ich die nächtliche Kälte unterschätzt hatte, jagte mir die Berührung einer eiskalten Hand tödliche Angst ein. Am Morgen fand ich am Boden neben mir ein kleines Steinamulett, und ich hätte schwören können, daß es vorher nicht dagelegen hat.

Dieses Amulett, unauffällig in einer dunklen Ockerfarbe, ist eine Art Tür: Wenn ich es in der Hand halte, wird die Welt kühl und grau, alle Emotionen fließen aus mir heraus, bis ich selbst ganz kühl bin. Dann spüre ich eine unendliche Weite und Leere. Ich habe keine Gedanken, keine Wünsche. Bewegungslos und leer bin ich schon stundenlang mit diesem Amulett gesessen, bis es an der Tür klingelte oder das Telefon läutete und ich das Amulett schnell in seine Schachtel zurücklegte. Es wohnt in einer Schachtel, weil es nicht sehr praktikabel für mich ist, auf dem Boden herumzusitzen, Maulaffen feilzuhalten und nichts mehr zu wollen und zu tun.

Seit rund fünfundzwanzig Jahren sammeln sich magische Gegenstände bei mir an. Ich habe einen Raum, der zum Asyl für Göttinnen, Geister und Wesen geworden ist, die Ruhe und die Abwesenheit manipulativer Energie brauchen. Manchmal werden mir magische Figuren geradezu aufgedrängt, vor denen die Besitzer Angst haben. Obwohl sich viele Fetische und Frauenfiguren in meiner Wohnung aufhalten, sammle ich sie nicht im klassischen Sinn. Ich bin nicht an der Vermehrung dieser Wesen oder Gegenstände oder an ihrem Marktwert interessiert wie etwa ein Kunstsammler. Eher ergibt es sich, daß auf natürliche Weise, ohne daß ich sie suche oder brauche, eine Figur oder ein Stein, ein Fetisch oder ein Amulett dazukommen.

Die Energie dieser Gegenstände sucht sich einen geeigneten Raum und breitet sich dort aus. So gesehen können die wenigsten Sammlungen wirklich benutzt werden. Sammler von wertvoller Kunst bewahren nicht selten ihre Kostbarkeiten in Tresoren auf. Ich kann oft nicht den Raum betreten, in dem meine Zauberwesen leben.

Ich bin überzeugt, daß viele SammlerInnen manchmal geradezu gegen ihren Willen von Energien eingefangen werden und sammeln müssen, obwohl sie vielleicht gar nicht erklären können, warum sie das tun. Ich glaube nicht, daß Menschen aus reiner Lust oder Gier wertvolle Dinge sammeln. Vielmehr habe ich oft beobachtet, daß Sammler, zum Beispiel bei Auktionen, regelrecht von Energien gekidnapt werden. Einmal sprach ich mit einem Mann, der gerade zu einem schwindelerregenden Preis eine recht unscheinbare afrikanische Figur ersteigert hatte. Er fiel mir auf, weil er einen fast verzweifelten Gesichtsausdruck hatte. Ich habe keine Wahl, sagte er. Ich bin hoch verschuldet und kann mir diese Figur eigentlich gar nicht leisten, aber ich muß sie kaufen. Ich muß.

Mein Deal mit den Geistern ist das genaue Gegenteil. Wenn ich auf eine Auktion außereuropäischer Kunst gehe, nehme ich immer nur einen magischen Gegenstand, den niemand will, der unter dem Aufrufpreis gehandelt wird. So zum Beispiel eine Krankheitsfresserin der Makonde, die den BesucherInnen der Auktion zu „häßlich" war, bei mir zu Hause aber gleich ihre Kraft entfaltete und Krankheiten fraß. Die Energie, die zu mir will, muß sich etwas einfallen lassen.

Einmal gelang das auf besondere Weise. Kurz vor Weihnachten ging ich zu einer Vorbesichtigung afrikanischer Kunst beim Kunsthändler Ketterer in München. Ein Fetisch-Wedel hatte es mir angetan. Kaum hielt ich ihn in der Hand, stürzten sich mehrere Kunst-Experten auf mich, rissen mir den Wedel aus der Hand und betrachteten ihn begehrlich. „Fälschung!" sagte ich verächtlich, ging nach Hause und ärgerte mich, daß jedesmal, wenn ich mich für etwas interessiere (egal ob das ein billiges Häuschen ist oder eine kostbare magische Figur), alle Welt darauf aufmerksam zu werden scheint und der Preis entsprechend hochgeht. Es ist, als outete ich die lebendige Energie, indem ich mich mit etwas beschäftige, als werde sie dadurch, daß ich sie spüre und schätze, auch für andere attraktiv. Jedenfalls ging ich frustriert weg. Weihnachten verbrachte ich mit meiner Tochter und meiner Schwester bei meiner Mutter. Walli zog ein Päckchen hervor: Das ist von Jürgen.

Es war der Wedel. Jürgen war zufällig während der Auktion bei Ketterer vorbeigekommen, hatte kurz reingeschaut und den Wedel ersteigert, den nun offenbar niemand haben wollte. Denn auch das ist natürlich ein Phänomen des Kunstmarkts und der Magie gleichermaßen: Aufmerksamkeit erhöht die Kraft und damit nicht selten den Preis.

Oooo what a little moonlight can do.
(Billie Holiday)

Es wird eine Zeit gegeben haben, in der Rituale, Altäre, religiöser Ausdruck überhaupt kein Thema waren. Was im Überfluß da ist, muß ja nicht gerufen werden. Darüber können wir aber nur spekulieren, denn die Welt, in der wir jetzt leben, ist voll von Ritualen der religiösen Einbindung, aber auch der Kunst. In die immer schneller werdenden Abläufe stemmen wir Rituale, um die Zeit anzuhalten, aus dem Stress auszusteigen, Phänomene bewußt zu machen. Die Erkenntnisse der Sozialanthropologin Mary Douglas zeigen aber auch, daß es durchaus Kulturen, Stammeskulturen gibt, die Rituale nicht brauchen.

„Bei den Pygmäen gibt es so wenige Rituale, daß die ersten Ethnografen, die sie beobachteten, zu der Ansicht kamen, sie besäßen praktisch keine eigene Religion und ihre gesamte Kultur auf Anleihen bei den benachbarten Bantu beruhe. Turnbull vertritt die diametral entgegengesetzte These, nämlich daß gerade dieser Mangel an Ritualen die Eigenständigkeit ihrer Kultur beweist. Er schildert, wie die Pygmäen pietätlos spotten, wenn sie in ein Bantu-Ritual hineingeraten, den Fruchtbarkeitsriten und dem Jagdzauber der Bantu verständnislos gegenüberstehen und sich vor Lachen nicht halten können, wenn die Bantu mit feierlichem Ernst böswillige Zauberer aufzuspüren versuchen, ohne im mindesten zu fürchten, daß sie durch diese nachlässige Einstellung unrein werden könnten oder ihr Leben in Gefahr wäre. Es gibt bei ihnen keinen Totenkult, der Sündenbegriff der Bantu ist ihnen völlig fremd... deshalb betrachten die Bantu sie als unwissend und unreligiös. In Wirklichkeit verfügen sie aber über ein eigenes nicht weniger eindrucksvolles religiöses Zeremoniell. Ihre Religion konzentriert sich auf die Innerlichkeit des Fühlens, nicht auf äußere Zeichen. Die Stimmung des Waldes, in dem sie leben, spiegelt die Stimmung der Gottheit wider, die Stimmung des Waldes kann mit den gleichen Mitteln beeinflußt werden wie die Stimmung der Pygmäen selber – durch Gesang und Tänze."

In Europa und den USA kamen durch die neue Frauenbewegung Rituale wieder in Mode. Denn wir entdeckten bald, daß uns die politischen Rituale – Forderungen schreien, Spruchbänder hochhalten, in Versammlungen politische Werte festigen – nicht reichten. Wir entdeckten Anfang der siebziger Jahre, daß Frauen in Europa ein wesentlicher Teil ihrer Geschichte und damit ihrer Identität gestohlen worden war. Die Zeit der Inquisition – die ja weniger eine Zeit der Hexenverfolgung war, so viele Hexen gab es gar nicht, als eine Zeit der Zentralisierung durch die Kirche – löschte nicht nur multikulturelle Lebensformen, sondern altes Wissen aus.

Aber wie bei einer zerstörten Festplatte lassen sich Informationsfragmente rekonstruieren.

Das unternahm die neue Hexenbewegung, die ich 1980 mit meinem Film „Hexen" ins Leben rief – eher unfreiwillig. Einmal von „Brigitte" als Hexe geoutet, fing ich an, mich tiefer in die Geschichte der weisen Frauen einzuarbeiten, mit Kräutern und Wurzeln zu experimentieren und Rituale zu erfinden. Ich war nicht interessiert, „authentische" keltische oder germanische Riten zu kopieren. Und sehr bald wurde die Auseinandersetzung mit Ritualen der Nazis wichtig. Denn die neue Eso-Szene hatte und hat auch Ableger, die mit rechtsradikalen Idealen ahnungslose TräumerInnen manipulieren.

Mir ging es um die Entdeckung der eigenen spirituellen Kraft, die in Ritualen aufsteigt und Kommunikation mit der Natur, mit unbekannten Energien möglich macht. Unbemerkt von Kritikern schrieb ich meine Bücher für die Frauenoffensive, den Verlag der Frauenbewegung, der allein schon durch den Namen unter den Sensoren der Kulturkritik vorbeisegelt. Jahrelang feierten wir unbemerkt Rituale, bis es plötzlich in Mode kam, zur Walpurgisnacht „Hexen" zu befragen. Meine Arbeit bekam Kultstatus, wie mir männliche Kritiker heute vorwerfen.

Aber wenn Magie, wie ich sie lebe, nicht Kult wäre, hätte kein Kritiker sie je bemerkt.

Plötzlich gab es wieder Aggressionen gegen Frauen, die nachts mit Lehm beschmiert tanzen – wie im Mittelalter. Was Hamish Fulton, Richard Long oder Andy Goldsworthy machen, ist seit Jahrzehnten in den Alltag spiritueller Frauen eingegangen, lange bevor die genannten Künstler überhaupt daran dachten. Aber es war halt nicht Kunst.

Dabei ist jedes magische Ritual auch künstlerische Gestaltung, so wie jedes Happening und jede Installation magische Kraft ausstrahlt.

In einem Ritual wird die Wirklichkeit neu geschaffen, sagen die Yoruba in Nigera, Westafrika. Und während Kriege die Wirklichkeit verstümmeln, zerstören, mit Schmerz anreichern, bauen Rituale die feine Traumstruktur wieder auf. Das bedeutet nicht, daß Menschen, die Rituale feiern, ständig auf einer rosaroten Wolke schweben. Ein Ritual stärkt die Verbindung zur Traumzeit, das Wissen um die Komplexität der Welt. In einem Ritual fallen die Notwendigkeiten des Alltags weg, um eine zeit- und raumlose Dimension aufsteigen zu lassen.

Trommeln oder Rasseln, Tanz und Gesang induzieren einen Trancezustand, in dem – weil die rationale Analyse ausgeschlossen wird – neue Erkenntnisse aufsteigen können, die nicht gleich Fragen nach der Bedeutung oder Bewertung aufwerfen. Vielleicht tanzen wir uns in Ritualen in die verspielte Dimension der Kindheit zurück, in den Zustand, in dem alles möglich ist, alles geschaffen werden kann. Und schließlich sind Rituale auch nur Hilfskonstruktionen, um Kräfte wachzurufen, zu denen wir allein mit der Vernunft keinen Zugang finden. Rituale verzaubern den Alltag und machen beherzt, das heißt mutig und mitfühlend, heiter und wach.

Eines Tages entschloß ich mich, in dem kleinen Ort, in dem ich aufgewachsen bin, ein Ritual mit Frauen zu feiern. Ich fand es besonders aufregend, an einem Weiher Göttinnen und Verbündete zu rufen, an dem ich als Kind mit meinen Geistwesen geredet habe. Wir standen gerade im Kreis und fingen an zu rasseln, als sich zwei Frauen dem Kreis näherten. Eine rief: Ist das ein Ritual? Dürfen wir mitmachen? Wir öffneten den Kreis für sie, feierten das Ritual mit Singen und Rasseln und Rufen. Später unterhielt ich mich mit den beiden Frauen, und es stellte sich heraus, daß eine von den beiden mich schon als Kind gekannt hatte.

Die Schreibmaschine hatte einen eigenen Rhythmus,
machte eine ganz eigene Musik.
(Gertrude Stein)

Zeit für einen Bildwechsel? Endlich mal was Neues sehen! Neue Reize müssen her! Bankangestellte sollen jeden Tag andere Kleidung tragen, damit die Dauerkunden nicht durch Reizlosigkeit strapaziert werden. Auffallen ist alles. Wer heute keine Reize setzt, wird nicht wahrgenommen, wer wahrgenommen wird und nicht schnell neue Kunststücke macht, wird vergessen. Signalwirkungen ersetzen das Denken. Wir sehen ein Kopftuch und produzieren Adrenalin. Wir sehen eine Glatze, einen Schnauzbart, ein Kostüm und wissen: Aha! Aber was wissen wir schon?

Es ist fast unmöglich geworden, das Bekannte, das Offensichtliche genauer auf seine wirklichen Inhalte zu untersuchen, jedenfalls in den Medien, denn da gibt es Fachleute für alles, die uns sagen, wie wir zu sehen, aufzunehmen und zu verarbeiten haben. Wir lassen uns von Symbolen, Signalen, Hypnosebefehlen steuern, oft genug ohne uns zu fragen, was wir da befolgen oder erfüllen und wer das eigentlich fordert.

Kunst darf, ja muß schockieren, um Aufmerksamkeit, Einschaltquoten, LeserInnen zu finden. Aber wenn es wahr ist, daß Reizüberflutung ständig die Aufmerksamkeit kapert, ist es doch auch Tatsache, daß in der Wiederholung eine noch größere Kraft liegt.

In wie vielen Kinderzimmern hing das Mädchen mit der Taube von Picasso? In wie vielen Arztpraxen hängen die Sonnenblumen von van Gogh! Wer kennt nicht den armen Poeten von Spitzweg? Die Möglichkeit, Kunstwerke zu reproduzieren, ein Musikstück wieder und wieder zu hören und in immer neuen Versionen aufzulegen, Kultfilme immer wieder zu zeigen, hat manche Bilder, Filme oder Musikstücke in die Ewigkeit katapultiert.

Warhol hat die Macht der Wiederholung vielleicht am genauesten ausgedrückt. Seine Serien haben etwas von der Kraft der Magie: Durch die Wiederholung näherst du dich der Quintessenz. Das Wiederholte gewinnt Macht, prägt sich ein, öffnet neue Erfahrungsräume. In der Magie spielt die Wiederholung eine größere Rolle als der immer Neues auslösende Reiz. Der Reiz löst den Geist aus der Versunkenheit, die Wiederholung induziert Trance. Und über Trance, über das Versinken im leeren Raum werden neue Gedankenkombinationen, wird der Übertritt in andere Ebenen möglich.

Jedes Kind kennt das Lächeln der Mona Lisa. Tausendmal ist sie verändert, karikiert, veralbert worden. Möglicherweise ist es nicht einmal das Original, das im Louvre hängt, denn tausendmal ist sie auch gefälscht, kopiert worden. Ihr Lächeln nutzt sich nicht ab. Es fasziniert. Je öfter man es sieht, um so interessanter und rätselhafter wird ihr Gesicht. Genauso ist es mit magischen Gegenständen.

Ein Stein wird immer unnahbar, rätselhaft, von entrückter Schönheit, kühl und doch interessant sein. Je mehr ich mich mit ihm beschäftige, um so mehr entdecke ich. Einen Stein habe ich nun schon seit über zwanzig Jahren. Obwohl ich ihn täglich betrachte, erscheint er mir jeden Tag irgendwie anders. Je länger ich ihn bei mir habe, je mehr ich in ihm entdecke, um so mehr enthüllt sich einerseits seine Kraft, gewinnt er andererseits dadurch an Macht, daß sich das Ritual des Betrachtens wiederholt. In der Kunst wird ein Kunstwerk, das von vielen Menschen über viele Generationen hinweg immer wieder betrachtet wird, zum Kultobjekt. Obgleich alle Menschen es kennen, sieht und interpretiert jede/r es anders. Damit erzeugt es viele Facetten einer einzigen Wirklichkeit.

Im Münchner Völkerkundemuseum steht im Treppenhaus eine große Buddhastatue und schaut den BesucherInnen entgegen, die die erste Treppe hochsteigen. Vor der Buddhafigur steht eine Schildkröte. Der Panzer und der Kopf der Bronzeschildkröte sind blank poliert von den vielen Händen, die im

Vorbeigehen dem Impuls nicht wiederstehen können und sie streicheln. Als das Museum renoviert wurde, klagten die Angestellten, das Haus sei irgendwie leblos und kalt, solange der Buddha nicht an seinem Platz stehe. Aus dem Kunstwerk, das ein Bronzegießer virtuos gefertigt hat, ist ein Kultobjekt geworden, das Kraft ausstrahlt, ein Wärmefeld erzeugt.

Bei einem Heilritual mit Frauen wünschte sich die Frau, die von allen anderen behandelt wurde, eine von ihnen sollte singen. Die Energie des Rituals hatte mit Kunst nichts zu tun. Aber als Valetzka aus Kolumbien zu singen begann, hörten die anderen fast auf zu atmen. Sie holte mit ihrer Stimme das Wasser und den Wind, Vogelstimmen, Trauer, Lachen, Sinnlichkeit und Heilung. Sie trieb die Töne unter die Haut und ließ sie in die Eingeweide sinken, holte sie mit kleinen heftigen Atembewegungen wieder hervor und schleuderte sie in die Luft, um sie zart aufzufangen und neu abzuschmecken. Magie! Kunst! Vielleicht wurde mir da zum ersten Mal bewußt, daß Kunst, die vollkommen ist, immer Magie beinhaltet, daß aber auch Magie in der Vollkommenheit zur Kunstform wird.

Die Steine in meinem Zauberzimmer sind einfach, schön, aber eben Steine. Nichts Besonderes. Wenn ich sie im Kreis auslege, beginnen sie sich zu verwandeln. Die Form des Kreises verändert jeden einzelnen Stein. Und während ich jeden berühre und seine Energie aufnehme, wird mir der Steinkreis auch als Kunstwerk, als geschaffene, künstliche Form bewußt, die einen neuen Raum öffnet und neue Energien freisetzt.

Als ich in München mein allererstes Ritual an der Isar machte, legte ich auf einer Kiesbank inmitten von Kieseln und größeren Steinen einen Steinkreis. Dieser Kreis auf den chaotisch durcheinanderliegenden anderen Steinen löste in mir ein sensationelles Gefühl aus. Scheinbar banal war dieser Steinkreis, von niemandem wahrgenommen, ein Kunstwerk das mir die Augen für die Macht der Form öffnete.

Diese Macht sprang mich an, holte mich in den Kreis, machte mir die Begrenzung und die Energie von Innen und Außen bewußt. Ich spürte, daß ich über die Kraft der Worte, der gesprochenen Sätze hinausging und etwas von der radikalen Wirkung von Bildern und Formen zu verstehen begann, etwas, das der Kunstlehrer im Gymnasium mir einzubleuen versucht und damit das Gegenteil ausgelöst hatte. Ich entwickelte Widerstand gegen Kunstwerke, Bilder, Strukturen und Formen. Ich fühlte mich von der Kunst als offizielle Lehre angegriffen, verunsichert, provoziert und konnte mich nur wehren, indem ich alles Künstliche ablehnte und mich in die Natur zurückzog.

Aber es ist die Natur, die uns die Kunst lehrt. Spielerisch erzeugt sie Schönheit – und vernichtet sie wieder. Sie wirft Farben und Formen auf und läßt sie zurücksinken – ohne Sinn, ohne Ziel. Sie produziert vollkommene Harmonie, unendliche Schönheit – für niemanden. Sie kümmert sich nicht darum, ob wir die Schönheit wahrnehmen. Sie ist.

Jede künstlerisch inspirierte Person drängt es im Grunde nur, dorthin zu gelangen, wo die Natur immer ist: in die Selbstverständlichkeit der Schönheit und des Seins. Magie ist die mächtige Verbindung zwischen den Wesen der Natur und den Bedürfnissen und Handlungen der Menschen. Wir alle werden mit dem selbstverständlichen Sein, mit Schönheit, Vollkommenheit und Magie geboren. Dann verlieren wir alles, weil wir strukturiert, in Regeln gebunden, in Absichten und Pläne eingesperrt werden. Die lineare Energie – Beginnen, Vollenden, Erfolg haben, Scheitern – zerstört den spielerischen Tanz der freien Energien, die zwischen allen Wesen zirkulieren. In der Kunst versuchen wir, dieser Energie wieder bewußt zu werden, sie zu spüren, zu leben und weiterzugeben. In der Magie kommunizieren wir und verändern so das Energiegeflecht.

Kunst stellt dar, Magie ruft und wandelt. Das Wesen der linearen Energie ist Höhepunkt und Absturz. Reiz. Reizüberflutung. Provokation. Darin kann Magie, Kommunikation, Tanz, Spielerisches nicht wachsen. Denn Linearität erlaubt kein Verweilen, kein sinnloses Wiederholen (wie oft muß ich dir das noch sagen?). Die Essenz der Magie ist, daß du nichts tust, um etwas zu erreichen. Mag sein, daß du, weil du es so gewöhnt bist, mit einem linearen Prozeß beginnst: Du rufst, damit etwas kommt. Du formulierst, um etwas zu gestalten. Doch je intensiver der magische Weg wird, um so gewundener und verschleierter zeigt er sich. Der Alltag verlangt Ordnung, Struktur und Zielgerichtetheit, weil er sonst im Chaos versinkt. Die Magie erzeugt die Verwirrung der Sinne, das Verschwimmen aller Grenzen, die Aufhebung aller Formen, um alles neu zu definieren und zu materialisieren.

Das halten nicht viele Menschen aus. Wozu ist das gut? Was soll das? Was bringt es? Was kann ich damit erreichen? Wen kann ich damit gewinnen, gefügig machen? In der Kunst mag das funktionieren. Auch nicht immer und nicht für alle. Aber in der Magie bricht so eine Konstruktion dann ein, wenn sie am dringendsten gebraucht wird. Wer dann nur Form, nur Struktur kennt und nicht die närrische Kraft in der Verbundenheit mit allem, geht unter. Denn alles tanzt, Energie tanzt, Wasser, Luft, Feuer tanzen, die Erde dreht sich in einer Galaxie, die sich dreht. Diesen Tanz zu spüren und sich darin mitzudrehen, aus seiner Energie Neues zu materialisieren und wieder aufzulösen, ist Natur, Kunst und Magie zugleich.

Mein wunderbarer Alltag

(Fotoserie)

Die Schönheit des Alltäglichen wahrnehmen! Die Traumzeit in allen Dingen wiederfinden! Wahrnehmen und wieder loslassen! Der Kreis ist alles. Ohne Anfang, ohne Ende. Ich setze mich hinein und fühle mich geschützt durch die Macht der Form (Kreis aus Gelbwurz an der Isar in München), und dann steige ich in die Wirklichkeit hinunter und stelle mich dem Alltag, dem ich immer wieder magische Impulse abgewinne (Wendeltreppe des Leuchtturms in Tanger, Marokko).

Wie ich meinen spirituellen Körper mit Schönheit, Klängen und Düften nähre, so muß mein physischer Körper Nahrung haben, um mich auf meinen Abenteuerreisen halten zu können (Frühstück in Fes, Marokko).

Der Geist wird mit Kunst genährt, am liebsten mit Junkfood von der Straße (Flohmarkt London). Die Nahrung des magischen Potentials kommt auch von ganz banalen Hausaltären und Schreinen, wie sie in fast jeder Wohnung zu finden sind (Madonna).

Ich brauche die Erde, die Fülle, die Farbe Gelb und die klare Luft (Kürbisse in der Nähe von Grafing). Ich brauche den Himmel und die Verheißungen, die aufsteigen, wenn der Boden verschwindet und alles unendlich wird (Himmel über Dakar, Senegal), die Zivilisation muß nicht vollkommen sein, lieber bunt, spielerisch und unaufdringlich (Medina von Dakar).

Meine Füße sehen oft mehr als meine Augen. Sie tragen mich, informieren mich, drehen mich und geben mir Leichtigkeit (Füße). Meine Augen brauchen Schönheit und magische Impulse, und ich füttere sie hemmungslos mit Bildern aus der Erinnerung der Welt (Schrein aus einem Yorubastoff, einer Messingmondsichel und einem Gürtel aus Kaurimuscheln, Papaya).

Der Besen, magisches Reinigungsgerät und lebendige Kraft zugleich, wohnt neben meinem Herd. Von Baumwesen bewohnt, schützt er den Ort, der von ihm gefegt wird (Besen).

Alle Gefäße erinnern an den Bauch, an den magischen Kessel, den heiligen Gral. Aus dem Kessel kommt alles, was existiert. Göttinnen und weise Frauen kochen und transformieren alle Wesen im Kessel, und alle Frauen beschäftigen sich jeden Tag damit, zu sammeln und auszuteilen (Wasserschüssel, Malika, Senegal).

Kali, die Göttin des Lebens und des Todes, ist meine Begleiterin auf allen Reisen, und während die Stöckelschuhe von Donna Karan für mich Symbol der Befreiung sind, weil ich sie nicht tragen muß, ist Kali Symbol der Kraft, weil ich ihr nicht gehorchen muß (Blechkoffer mit Kalibild, roter indischer Wollschal und Stöckelschuhe von Donna Karan in meiner Wohnung).

Was bringt die Zukunft? Eine künstliche computergesteuerte weibliche Ikone? Darüber würden sich zwar Männer vielleicht freuen, weil sie dann keine Beziehungs- und Zukunftsdiskussionen mehr mit Frauen führen müßten, die schwitzen und menstruieren, aber ohne weise lebendige magische wilde freche Frauen wird die menschliche Zivilisation enden (Plakat mit zwei Frauen am Ostbahnhof, München).

Für weise lebendige magische wilde freche Frauen schreibe ich (Schreibtisch in Portscatho, Cornwall, England) und werde dabei selbst immer weiser, lebendiger, magischer, wilder und frecher.

DKNY

DIE WELT
ZUKUNFT
Mythos von morgen: der virtuelle Mensch.
Schon heute in der WELT.

INSCRIBE PASTELS
COMPOSITION BOOK

Ich kenne alle Stadien des Hungers.
(Ute Schiran)

Es geht mir nicht darum, Kunstwerke, Bücher, Bilder, Filme, Videoclips usw. hervorzuheben, zu empfehlen, als „schädlich" oder „schlecht" zu outen. Ich möchte die LeserInnen anregen, genau zu schauen, mit welchen Impulsen ihre Wirklichkeitswahrnehmung angereichert wird. Für diesen Prozeß der Wahrnehmung ist es hilfreich, wie eine KunstkritikerIn vorzugehen. Was habe ich gesehen, gelesen, wie kommt es bei mir an, welche Gefühle verstärkt es? Welche Stimmung erzeugt das Gesehene in der Nachwirkung? Welche Informationen wurden transportiert?

Und dann noch ein paar Fragen:

Welche Bücher, Filme, Theaterstücke oder andere Kunstwerke lösen bei dir innere Zensur aus, setzen ein inneres Tabu frei? Warum?

Bei welchen Werken aus der Kunst im weitesten Sinn wurde dein Haß geschürt?

Welches Werk der Kunst hat bei dir ein lustvolles Begreifen gepaart mit bisher unbekannten Informationen ausgelöst?

Welche Werbeplakate wirken in deiner unmittelbaren Umgebung auf dich ein?

Welche Werke der Kunst im weitesten Sinn bringen dich zum Lachen? (Geht dieses Lachen auf Kosten von Schwächeren, Randgruppen?)

Hast du gelegentlich das Gefühl (oder wird es dir vermittelt), daß du etwas ertragen, dich einem Kunstwerk stellen mußt, weil du sonst zickig, altmodisch oder eine Kunstbanausin bist?

Wer oder was prägt deinen Kunstgeschmack?

Wieviel Zeit verbringst du vor dem Fernseher, und was schaust du dir bevorzugt an?

Wann hast du zuletzt selbst etwas hergestellt, das nicht den unmittelbaren Bedürfnissen diente, also ein Kunstwerk im weitesten Sinn?

Wie ist deine Definition von Kunst?

Hast du schon einmal eine Platte oder ein Buch gekauft, ohne den Inhalt zu kennen und ohne eine Empfehlung dafür zu haben? Wie war die Erfahrung?

Wie nimmst du Musik wahr?

Wie oft sagst du in Zusammenhang mit einem Buch, einer Musikrichtung, einem Theaterstück, einer Künstlerin, einem Künstler: Das interessiert mich nicht? Oder: Das ist mir zu elitär? Oder: Das ist reaktionär? Oder: Das ist Volksverblödung?

Wir können das Gesehene, das Gehörte, das Erlebte nicht aus dem Bewußtsein ausradieren. Es einfach nur abzulehnen, drückt es ins Unbewußte und läßt die Botschaften unkontrolliert aus der Tiefe auftauchen. Die einzige Möglichkeit, mit belastenden, schädigenden Impulsen umzugehen, ist die Verarbeitung. Indem du einen bewußten Standpunkt zum Erlebten, Gesehenen, Gehörten einnimmst und formulierst, auf welche Weise es in dein System eindringt und was es dort auslöst, wird nicht nur die Gefahr einer Schädigung verringert oder abgewendet, sondern auch ein Bewußtsein über die Inhalte und Botschaften und die manipulatorische Qualität von Kunstwerken aufgebaut. Also:

Was nimmst du auf?

Wie verarbeitest du es?

Wie entschärfst du es?

Was spiegelst du in Worten, Bildern, Fotos, Filmen usw.?

Was gerufen wird, kommt.

Warum also rufst du nicht mit allen Mitteln der Kunst, was du zum Kommen bewegen willst?

Einmal einatmen, ausatmen,
alles wahrnehmen,
und in einer Sekunde
liegt dein Lebensmuster
transparent vor dir.
(Margarete Petersen)

Künstlerinnen

(Eine Auswahl)

Sie alle haben mich begleitet, angeregt, herausgefordert, provoziert und beglückt.

Valie Export – Videokünstlerin, wurde durch feministische Happenings Anfang der achtziger Jahre bekannt.

Oumou Sy – Modeschöpferin, Stylistin, Designerin.

Laurie Anderson – experimentelle Musikerin und Lichtgestalterin.

Frida Kahlo – Malerin, ungewollt zur Schmalznudel der Frauenbewegung geworden.

Paula Rego – Malerin, thematisiert weibliche Abgründe.

Marie Laurencin – Malerin, eine der ersten, die Anfang des 20. Jahrhunderts bekannt wurden.

Meret Oppenheim – Performance-Künstlerin, schuf mehr als die Pelztasse und träumte ihren Tod.

Yoko Ono – Künstlerin, Initiationsführerin von John Lennon.

Artemisia Gentileschi – Barockmalerin.

Angelika Kauffmann – Malerin zwischen Rokoko und Klassizismus, wird jetzt durch einen nach ihr benannten Zug von München nach Zürich populär.

Georgia O'Keeffe – Malerin, thematisierte übergroße Vulvamotive.

Louise Bourgeois – Malerin, kam mit 70 zu ihrer ersten großen Werkschau.

Jenny Holzer – Wort-Lichtspielerin, wurde mit Wortspielen berühmt.

Nancy Spero – Malerin, Feministin und Mitbegründerin der Gorilla-Girls.

Marie Lafontaine – erste international bekannte Videokünstlerin.

Pippilotti Rist – Video- und Performance-Künstlerin.
Rosemarie Trockel – die Erfolgreichste auf dem deutschen Kunstmarkt, die Stricken zur hohen Kunst wandelte.
Ulrike Rosenbach – ursprünglich mit feministischen Happenings bekannt geworden, heute Kunstprofessorin.
Mary Beth Edelson – Ritual-Performance-Künstlerin.
Diane Arbus – Fotografin.
Dora Maar – Fotografin, Malerin.
Bettina Reims – Fotografin.
Ulla Maibohm – Malerin von Miniaturen.
Susanne Wenger – Malerin, Bildhauerin, Yorubapriesterin.
Else Lasker-Schüler – Dichterin, Träumerin, bezaubert mit ihren Zeichnungen und seltsamen Worten.
Lena Vandrey – Malerin, Feministin und Schöpferin mythischer Heldinnen.
Ulrike Ottinger – feministische Filmemacherin phantastischer, wundervoller Filme.
Ingemo Engström – eine der ersten Filmemacherinnen des Jungen Deutschen Films.
Carin Stoller – Malerin, Kunstlehrerin der besonderen Art.
Annemarie Schwarzenbach – Schriftstellerin, Reporterin, Filmemacherin, genial, aber weitgehend unbekannt.
Mary Cassatt – Malerin.
Sonia Delauney – Malerin.
Suzanne Valadon – die erste Malerin, die es wagte, das männliche Geschlecht unverhüllt zu zeigen.
Tamara de Lempicka – Malerin, Lesben-Kultfigur.
Leonor Fini – Malerin und Katzenliebhaberin.
Maria Sibylla Merian – Malerin, virtuose Zeichnerin der Natur.
Margarethe von Trotta – eine der ersten Filmemacherinnen, die Frauen in den Mittelpunkt ihrer Arbeit stellten.
Digne Meller-Markovitz – Fotografin, Reporterin.
Lina Wertmüller und Chantal Ackermann – feministische Filmemacherinnen.
Madonna – Sängerin, Kultfigur.

Coco Chanel – Modemacherin.
Eve Ensler – Schöpferin der Vagina-Monologe.
Marilyn Monroe – Filmschauspielerin, Star.
Imogen Cunningham – Fotografin von Frauen.
Gorilla-Girls – feministische, kämpferische Künstlerinnengruppe.
Emma Goldman – Revolutionärin.
Ellen Auerbach, Barbara Gass – Fotografinnen.
Ann Poppel – Kostümbildnerin, Schöpferin von Traumzeithüllen.
Franka Weiß, Angela Hampel, Elvira Bach – Malerinnen.
Margarete Petersen – Malerin des Tarot.
Nan Goldin – Fotografin des Banalen.
Agnes Martin, Inea Gukema – Malerinnen.
Sheila Metzner, Annie Leibovitz – Fotografinnen.
Valentina Francia – Medienkünstlerin.
Karin Schuck – Stoffkünstlerin.
Ella Maillart – Reisende, Schriftstellerin.
Inge Morath – Fotografin bei Magnum.
Marlene Dietrich – Filmschauspielerin, Sängerin, Frauenidol.
Fanta Regine Nacro – Filmemacherin.
Sarah Schumann – Malerin, organisierte mit anderen die erste große internationale Frauenausstellung in Berlin, „Künstlerinnen international 1877 – 1977“.
Niki de Saint Phalle – Malerin und Bildhauerin, schuf den Tarotgarten und die Nanas.
Marina Abramovicz – brachte Amethyste in die Kunst ein.
Herlinde Kölbl – Fotografin.
Jitka Hanzlovà – Fotografin.

Mein Körper ist durch Hitze und Rhythmus
fließend geworden
(Margarete Petersen)

Lucy Lippard, *Overlay*, Toronto 1983.
Women Artists 2001, Taschen Verlag.
Betty Friedan, *Mythos Alter*, Hamburg 1997.
Franz Eppel, *Der Ältesten Kunst*, Wien 1963.
Franz Eppel, *Fund und Deutung. Eine europäische Urgeschichte*, Wien 1958.
Ritual Arts of the South Seas, St. Louis Art Museum 1975.
Inken Nowald, Lucie Schauer, *Elementarzeichen*, Berlin 1985.
Sahara. Objets Prehistoriques, Genf 1986.
Burchard Brentjes, *Fels- und Höhlenbilder Afrikas*, Leipzig 1965.
Karl Heinz Striedter, *Felsbilder der Sahara*, München 1984.
Eve Ensler, *die vagina-monologe*, Hamburg 1999.
Burkhard Riem-Schneider, Uta Crosenich, *Art Now*, Taschen Verlag 2001.
Marija Gimbutas, *The Goddesses and Gods of Old Europe*, London 1982.
Marija Gimbutas, *The Language of the Goddess*, New York 1989.
Marija Gimbutas, *The Civilizations of the Goddess*, New York 1991.
Buffie Johnson, *Die Große Mutter in ihren Tieren*, Olten 1990.
Die wahren Geschichten der Sophie Calle, Kassel 2000.
Else Lasker Schüler, Marbacher Hefte.
Mary Douglas, *Ritual, Tabu und Körpersymbolik*, Frankfurt 1986.
Susanne Wenger, *The Sacred Groves of Oshogbo*, Wien 1990.
Kunst des 20. Jahrhunderts, Museum Ludwig, Köln 1996.
Ajit Mookerjee, *Kali. The Feminine Force*, London 1988.
Sylvia Eblmayr, Valie Export u.a., *Kunst mit Eigen-Sinn. Aktuelle Kunst von Frauen*, München 1985.
Angela Hampel, *Rauf und runter*, Dresden 2000.

Peter Bolz, Bernd Peyer, *Indianische Kunst Nordamerikas*, Köln 1987.

Jean-Hubert Martin u.a., *Magiciens de la Terre*, Paris 1989.

Huang-Po, *Der Geist des Zen*, Bern/München 1987.

Frederik Hetmann, *Wie Frauen die Welt erschufen*, Zürich 1999.

Agnes Martin, *Writings. Schriften*, Winterthur 1992.

Judy Chicago, *The Dinner Party*, USA 1979; vgl. *Mit Mut und Phantasie*, Straßlach 1987.

John Pulz, *Photography and the Body*, London 1995.

Yoko Ono, *Museum of Modern Art*, Oxford 2000.

Meret Oppenheim, *Husch husch der schönste Vokal entleert sich*, Frankfurt 1984.

Jeanne Champion, *Die Vielgeliebte. Kunst und Leben der Suzanne Valadon*, München 1987.

Clarisse Nicoidski, *Die Großen Malerinnen*, Bern/Wien/München 1996.

Colin Rhodes, *Primitivism and Modern Art*, London 1994.

Isabel Schulz, *Künstlerinnen*, Hamburg 1991.

Lea Vergine, *L'altra metà*, Milano1980.

Klaus Honnef, *Kunst der Gegenwart*, Taschen Verlag 1994.

Annegret Hoberg, *Kandinsky und Gabriele Münter*, München 1994.

Jitka Hanzlovà, *Bewohner*, München/Wien 1997.

Ingelore Ebeling, *Masken und Maskierung*, Köln 1984.

Franz Marc – Else Lasker-Schüler. Karten und Briefe, München 1988.

Lena Vandrey, *Paradigmen der unbequemen Schönheit*, Bremen 1987.

Victoria Ginn, *Geister der Erde*, München 1990.

Martha Zamora, *Aufschrei der Seele: Frida Kahlo*, Basel 1990.

Francis Huxley, *The Invisibles*, London 1966.

Lebende Tote, Bremen 1986.

Bilder zur Vorgeschichte Bayerns, Stuttgart 1968.

Dea Madre, Katalog zu einer Ausstellung in Sassari (Jahr unbekannt).

Hans Egli, *Das Schlangensymbol*, Olten 1982.
Kate Peck Kent, Nancy Fox u.a., *I am Here. 2000 Years of Southwest Indian Art and Culture*, New Mexico 1988.
Angela Fisher, *Afrika im Schmuck*, Köln 1998.
H. St. John Philby, *The Queen of Sheba*, London 1981.
Joan Halifax, *Shaman*, London 1982.
Friedrich Muthmann, *Der Granatapfel*, Bern 1982.
Cornelia Mallebrein, *Die anderen Götter*, Köln 1993.
Karl Gutbrod, *DuMonts Geschichte der frühen Kulturen der Welt*, Köln 1978.
Paul Klee, *Tagebücher*, Köln 1979.
Richard Fester, *Urwörter der Menschheit*, München 1981.

Zeitschriften:

Kunstforum
Revue Noire
Wolkenkratzer (gibt's leider schon lange nicht mehr)
Parkett
Du
Art Forum

Abuse of power
comes as no surprise.
(Jenny Holzer)

Im Lauf meines Lebens kehrte ich immer wieder zu der Spinne zurück, die mir im katastrophalsten Augenblick eine Vision gab: eingesponnen, von einem Wesen der Natur beschützt zu werden. Ich empfand die Spinne nicht als Bedrohung.

Erlebnisse mit Spinnen begleiten mich bis heute. Eine biß mich und brachte mich in eine lebensgefährliche Situation, in der ich überlebte, weil ich mich auf meine Kraft und auf die der Berge und der Meteorsteine verließ. Eine andere wohnte in meinem Strickzeug. Eine rettete sich vor dem Erschlagenwerden mit einem Sprung auf meinen nackten Fuß.

Was bedeuten Spinnen? Sie schaffen Kunstwerke, die so fein, so genau, so genial sind, daß kein Mensch ein solches Spinnennetz nachbauen kann. Ist es stürmisch, spinnt die Spinne das Netz feiner, ist das Wetter ruhig, wird das Netz lockerer, grobmaschiger. Das Sekret der Spinne, also der Spinnenfaden enthält entzündungshemmende Stoffe, und ein Spinnennetz auf eine Wunde gelegt, kann sie heilen.

Spinnen schaffen nicht nur Kunstwerke, sie sind auch Botinnen der Traumzeit. Sie haben telepathische Fähigkeiten, das macht sie für uns so unheimlich. Sie lesen unsere Gedanken. Als ich einmal eine Spinne von der Wand über meinem Bett entfernen wollte, lief sie immer vor dem Papier her, mit dem ich sie einfangen wollte, um sie draußen freizulassen. Plötzlich wurde ich wütend und dachte: Ich erschlage sie. In diesem Augenblick stieß sie sich von der Wand ab und sprang mir auf die Brust.

Die Strickbilder von Rosemarie Trockel erinnern vielleicht an die Arbeit der Frauen, aber sie erinnern auch an die Macht von Geweben. Stricken, Weben, Häkeln sind Traumzeitfähigkeiten. Diese Gewebe hüllen nicht nur den Körper ein, sie enthalten die Energie der Frau, die sie angefertigt hat, sie sind mit Farben, Zeichen, Bildern und Symbolen Fragmente der Sprache der Traumzeit – wie Spinnweben.

In der Klasse meiner Tochter wurden Bäume gemalt. Die ErstklässlerInnen ließen ihrer Phantasie freien Lauf, sofern nach dem Kindergarten davon noch etwas übriggeblieben war. Ein Junge malte einen Baum mit orangefarbener Rinde. Die Lehrerin gab ihm eine Kopfnuß und sagte: Bei uns in Deutschland gibt es keine orangenen Bäume. Merk dir das. Und wenn dir das nicht paßt, dann gehst du zurück in dein Heimatland. Der Junge hatte türkische Eltern, war aber in einem deutschen Waisenhaus aufgewachsen. Mal abgesehen vom rassistischen Hintergrund ihrer Bemerkung hatte die Lehrerin keine Ahnung von Kunstunterricht oder der Freiheit der Phantasie.

Mit dieser Freiheit steht es ohnehin nicht zum Besten. Von Vorschriften und Regeln, Gesetzen und Verboten umzäunt tasten wir uns in die Welt hinaus. Je engagierter die vorschulische und schulische Erziehung, um so enger wird die Vorstellungskraft.

Normalerweise sind junge Menschen, die das Abitur hinter sich haben, so weit an die Wirklichkeitsnormen angepaßt, daß man sie freilassen kann, und die wenigen Hippies und Freaks und Wahnsinnigen, die Idealisten und Engagierten verkraftet die Gesellschaft in einer Außenseiternische.

Wer stellt eigentlich diese Regeln auf? Wer sorgt für ihre Einhaltung? „Die Gesellschaft" gibt es ja nicht. Es gibt doch nur einzelne Menschen, die zu einer Gesellschaft zusammenwachsen. Wie funktioniert diese gleitende Justierung Heranwachsender an das herrschende System?

Die Erkenntnis eines Mafia-Spezialisten bei der Polizei trifft auch für die normale Bevölkerung zu: Das mächtigste Kontrollmittel ist Erpreßbarkeit. Wer erpreßbar ist, kann in jedes System integriert werden.

Da jedes System strenge Regeln aufstellt, müssen diese immer wieder gebrochen werden, weil kein Mensch sie einhalten kann. Durch Fehler und Schuld entsteht wieder Erpreßbarkeit. Ein Teufelskreis.

Wo das nicht greift, wirkt Existenzbedrohung. Wer Angst um den Arbeitsplatz, Angst vor Versagen, Blamage, Bloßstellung, Armut hat, ist erpreßbar. Dazugehören ist alles. Herausfallen ist die größte Katastrophe. Die Kunst spiegelt genau diese Ängste und die gesellschaftlichen Verzerrungen und Perversionen, die dadurch entstehen.

Kunst öffnet eine Tür zur Traumzeit. Kunst wird von der Traumzeit genährt. Es braucht Mut, diese Tür zu öffnen. Es braucht überhaupt keinen Mut, Zeichen zu lesen, Wunder zu nähren. Es gibt nur einen Wegweiser: das eigene Gefühl. Die eigene Intuition. Denn sie ist reine Traumzeitsubstanz. Es gibt keinen Beweis für sie.

Vielleicht gibst du dich der Lächerlichkeit preis, indem du deiner Intuition folgst. Aber du gewinnst etwas Kostbares, Einmaliges: eigene Kraft. Du wächst dir selbst zu. Indem du riskierst, mit deinen Experimenten der Lächerlichkeit ausgesetzt zu sein, findest du dein eigenes Lachen. Weil es völlig egal ist, ob jemand über dich lacht. Weil es sogar egal ist, ob dich jemand versteht. Denn wenn du zu deiner Kraft stehst, steckst du andere damit an. Indem du dich selbst heilst, erzeugst du heilende Energie.

Auf dem Weg zur Traumzeit, zur verheißungsvollen Energie, zu den Zeichen der nicht sichtbaren, nicht greifbaren Welten, auf dem Weg zu deiner Magie gehst du schließlich auch den anderen Menschen wieder entgegen. Je mehr du dich selbst findest, je heiterer du damit wirst, je weniger du dir beweisen mußt, um so mehr Verständnis wächst für andere.

Das heißt nicht, daß du von ihnen Unterstützung findest. Wenn du in die Traumzeit eintauchen willst, mußt du es aushalten, allein zu gehen und ganz bei dir selbst zu bleiben. Mag sein, daß es Spaß macht, mit anderen über alles zu reden, von anderen Rat einzuholen, sich abzusprechen, Zweifel zu diskutieren. In der Kunst, in der Magie, im Gewebe der Traumzeit vibrierst du mit deiner Energie im Netz der Traumzeitfäden wie die Spinne in ihrem Gespinst. Und wie die Spinne springst du, ohne dich lange umzuschauen, paßt es euch? Mach ich es richtig?

Du springst – in deinen eigenen Faden. Er trägt.

Es gibt kein Gesetz,
das alten Frauen verbietet,
auf Bäume zu steigen.
(Astrid Lindgren)

Haben Sie den Louvre besucht?
Haben Sie auf Giotto angesprochen?
Haben Sie Ihre Hand
über die Möbel des 15. Jahrhunderts gleiten lassen?
Die Stelle gesehen,
an der Marie Antoinette hochmütig wurde?
(Djuna Barnes)

Luisa Francia

Der Rest deines Lebens beginnt jetzt

Rituale zur Verzauberung des Alltags

ISBN 3-88105-339-X
176 Seiten

„Ich will mit diesem Buch einerseits Notwendigkeiten in Frage und Gewohnheiten auf den Kopf stellen und alle Wahrheiten einmal durchschütteln, andererseits Türen in spirituelle Ebenen öffnen, Rituale, Phantasiereisen und spirituelle Spiele beschreiben, die auch nicht-spirituellen Menschen Lust auf spielerischen Umgang mit anderen Welten, fremden Seins-Ebenen machen."

Dieses Buch setzt dem Durchhalten das Innehalten entgegen, das Atemholen. Es gibt Spielanleitungen für das scheinbar Unvernünftige, denn das Vernünftige hat uns fast schon gebrochen.

im Verlag Frauenoffensive

Luisa Francia

SteinReich
ISBN 3-88104-239-3

✶

Auf der anderen Seite der Haaresbreite
ISBN 3-88104-252-0

✶

Starke Medizin
ISBN 3-88104-266-0

✶

Eine Göttin für jeden Tag
ISBN 3-88104-280-6

✶

Die Bärin im 11. Haus
ISBN 3-88104-293-8

✶

Sanfte Wirbelstürme, vergessene Flügel
Das Rückenbuch
ISBN 3-88104-306-3

✶

Drei Wünsche
Von der Vision zur Magie als Handwerk
ISBN 3-88104-317-9

✶

Der wilde Blick
ISBN 3-88104-328-4

im Verlag Frauenoffensive

Luisa Francia

Berühre Wega, kehr' zur Erde zurück
ISBN 3-88104-120-6

*

Kalypso
ISBN 3-88104-138-9

*

Mond • Tanz • Magie
ISBN 3-88104-152-4

*

Drachenzeit
ISBN 3-88104-165-6

*

Zaubergarn
ISBN 3-88104-190-7

*

Spielend Scheitern.
Ein Leidfaden für Frauen
mit dreizehn Tips zum Mißerfolg
ISBN 3-88104-203-2

*

Die 13. Tür
ISBN 3-88104-210-5

*

Die schmutzige Frau
ISBN 3-88104-226-1

im Verlag Frauenoffensive